俺のフィロソフィ

仕組みで勝って、人で圧勝する俺のイタリアンの成功哲学

ブックオフ創業者
俺の株式会社代表取締役社長
語り手　坂本孝
Takashi Sakamoto

聞き手
メディアフラッグ代表取締役社長
福井康夫
Yasuo Fukui

商業界

第三部　経営者の資質　159

聞き手

福井康夫
Yasuo Fukui

1968年生まれ、千葉県出身。1991年早稲田大学法学部卒業後、旧三和銀行入行。融資営業の担当業務を通じ流通業に興味を持つようになり、95年セブン-イレブン・ジャパンに転職。店長として売上げを拡大しながらも、もっとも残業の少ない店長と言われる。その後スーパーバイザー（OFC）を経験したあと、情報システム本部にて店舗システム推進、新規事業の立ち上げを経験。約8年間にわたる流通現場の経験を生かし、2004年メディアフラッグ設立。事業コンセプトは「〝IT〟と〝人〟をキーワードに、流通業界に新しい価値を創造する」。流通小売業向けアウトソーシング事業を展開し、2012年に東証マザーズに上場を果たす。主な著書に『コンビニの店長だった私が上場企業の社長になった今も大切にしている商売の心得』（クロスメディア・パブリッシング刊）、『まんが　コンビニスーパーバイザー24時間』（商業界刊）。

語り手

坂本孝
Takashi Sakamoto

1940年5月生まれ、山梨県甲府市出身。慶應義塾大学卒業。オーディオ販売や中古ピアノ販売など幾つかの事業を経て、1990年5月「ブックオフ」を創業（1991年8月、ブックオフコーポレーション株式会社を設立）。16年間で1000店舗まで拡大し、書籍業界の流通に革命をもたらした。2009年11月、バリュークリエイト株式会社を設立し、飲食業界に参入。2011年9月、東京・新橋に国内外の高級レストランで技を磨いた料理人による高級レストランの料理を、3分の1以下の価格で提供する「俺のイタリアン」をオープン。大繁盛店となり、その後、同様のコンセプトで「俺のフレンチ」や「俺の割烹」などを展開。2012年11月には「俺の株式会社」を設立。それぞれ1日3回転以上の人気を博し、原価率60％以上でも十分に利益を出す業態を展開している。主な著書に『俺のイタリアン、俺のフレンチ』（商業界刊）。

はじめに

異彩の経営者 坂本孝との出会い

福井康夫

「俺のイタリアン」「俺のフレンチ」「俺の割烹」……。

2011年9月、東京の新橋に「俺のイタリアン」1号店がオープンしてから、「俺の○○」シリーズと呼ばれるこれらの店が、東京・銀座を中心に、破竹の勢いで店舗数を増やしています。

「俺の」シリーズの店には、幾つかの大きな強みがあります。立ち飲みというカジュアルなスタイルによる高い客回転数。原価を「じゃぶじゃぶ」かけた最高品質の食材。ミシュランの星付きシェフたちの技術力。そして、圧倒的な低価格。

普通の庶民でも、一流のシェフによる最高の料理を、気軽に楽しむことができる。

こうした他店との差別化によって、「俺の」シリーズの店は、常に行列が絶えない人気店となりました。

いまや銀座の街の一角では、「俺の」シリーズの店と、それに行列する人々の姿が、午後から夕方にかけての風物詩になりつつあります。

この仕掛け人が、私、福井康夫の師匠である、坂本孝氏です。

坂本さんは、「俺の」シリーズのレストランの創業者であり、中古書籍販売業のブックオフの創業者として広く知られている人です。

彼は1990年にブックオフを創業し、1000店舗になるまで育て上げました。東証一部上場を果たし、2007年に同社を退任されて、一旦は引退も考えられたそうです。しかし、その師匠である京セラ創業者の稲盛和夫氏が、78歳にして日本航空の経営再建に携わる決断をされたことに触発され、起業家の後進の育成に取り組もうと考えました。

2011年9月には「俺のイタリアン」新橋本店を開店。そこから約3年で、28

店舗（２０１４年6月現在）の「俺の」シリーズの店を出店。２０１２年11月、「俺の株式会社」を設立し、広く世界に「俺の」シリーズの業態を広げようと、全社一丸となって取り組まれています。

坂本さんが新しい外食業態を開発する目的でバリュークリエイトを設立したときにはすでに70歳でした。そして74歳の現在、人生２回目の上場を目標に据えています。

坂本さんは、山梨の実業家の家庭に生まれ育ち、大学卒業後は一旦家業に入って、その後独立をされました。幾つものビジネスを立ち上げ、うち幾つかは失敗もしましたが、ブックオフと「俺の」シリーズのレストランという、他には真似できない２つのビジネスモデルを結実させました。

京セラの創業者である稲盛和夫氏をして、坂本さんを天才的経営者と言わしめたという逸話が残っています。

一方の私は、大学在学中から、漠然と起業をしたいとは考えていましたが、明確な目標は特にありませんでした。銀行員とセブン‐イレブンでのコンビニ店長、スーパーバイザー、本部新規事業部を経て、35歳のときに独立しました。その経験を生かして、リアルショップリサーチ（覆面調査）と、リアルショップサポート（販売促進）を提供する、株式会社メディアフラッグを設立しました。

リアルショップリサーチとは、小売業や飲食業などの店舗に、実際のお客として調査員を派遣するものです。主にチェーン店の本部から依頼を受けて、訓練を受けた調査員がさまざまなお店に赴き、接客のクオリティ、商品の陳列、店内の清掃状況など、さまざまな項目を調査して、結果を店舗改善に生かします。

リアルショップサポートとは、店舗にラウンダーと呼ばれる販売支援を行う人材を派遣するものです。主に消費財メーカー等のクライアントより依頼を受けて、店舗における販売促進活動の実施状況の調査や、商品陳列及びＰＯＰ広告設置等といった販売促進を行い、売上げ向上を図るものです。

また、これらを生かして、２０１３年11月には埼玉県川口市に本社のある「十勝甘納豆本舗」と「菓心たちばな」という和菓子屋を買収し、事業再生ビジネスにも挑戦しています。お店を元気にする、売上げを伸ばす、従業員をやる気にさせるといった既存事業で培ったノウハウを生かせば、元気のないチェーンさんでも活性化できるはずだと思って取り組んでいます。

私がこの会社を設立したときには、漠然と会社をつくりたいと考えてはいましたが、経営者として自分に何が必要なのかということが全く分かっていませんでした。

そういった自分の甘さも原因となって、創業後4年間は営業的に非常に厳しい状態が続きました。売上げは伸びず、借り入ればかりが増える一方でした。

しかも人のせいにばかりして、私は自分自身に経営者としての器が全くもってできていないということに気が付いていませんでした。

資金繰りも厳しく、幹部が続々と会社を去っていく。

もう自分にはあとがない。

そんなときにお会いしたのが坂本社長だったのです。

きっかけは、出資者の一人であるレッグスの内川淳一郎社長が私の状況を見るに見かねて、紹介してくださいました。

3人で銀座8丁目でフグを食べたのを覚えています。

「とにかくこのチャンスに、ブックオフさんから仕事をいただかなければ」と坂本さんと飲んでいる間中、私はずっとリアルショップリサーチのビジネスのプレゼンテーションをしていました。

今思えば、本当に周りが見えていなかったと思いますが、坂本さんはリアルショップリサーチという業種にはもともと興味があったといい、私を支援してくれることを約束してくださいました。

これをきっかけにして、私と坂本さんとの親交が始まりました。

坂本さんから、折に触れ経営についてのお話を伺い、それまで見えていなかったものが、見え始めるようになりました。会社は経営者次第でどうにでもなる、ということを気づかせてもらいました。

坂本さんが師事している稲盛和夫氏が主宰する盛和塾にも入塾させていただき、今も経営者の先輩たちから、たくさんのものを吸収している最中です。

当時行きつけだった中目黒の居酒屋で、坂本さんと杯を乾かした回数は数えきれません。月に1回は坂本さんが弊社幹部と飲む機会をセッティングしてくださって「福井を男にしてやってくれ」と繰り返し繰り返し、話してくれました。

坂本さんとの出会い、盛和塾との出会い、この2つがきっかけとなり、私はやっと経営者としての覚悟ができたのだと思います。

それまで、私は経営者として、役員たちや従業員と経営の話をしてきませんでした。しかし本当に大切なのは、トップの人間が何を目指しているのかを、役員や社員たちに示し続けることなのです。そして会社がうまくいくのもいかないのも、すべてが社長次第。

他責から自責へ。

180度世界がひっくり返った出会いでした。

その後、坂本さんからの出資や、当時会社に残ってくれた若い社員の頑張りなどに支えられて、メディアフラッグの業績は好転しました。厳しい時期もありましたが、2012年に東証マザーズへの上場を果たすことができたのも、すべては坂本さんとの出会いにより、自らの考え方を変えることができたのがきっかけだったと思っています。

本書のタイトルは、『俺のフィロソフィ』。

本文で詳しく語られることになりますが、「俺の株式会社」では、企業理念を一冊にまとめた「俺のフィロソフィ」という冊子を従業員に配布しています。もちろん、そこには、坂本さんが師事している京セラ創業者であり盛和塾塾長、稲盛和夫氏の教えが貫かれていることは言うまでもありません。

本書は、坂本孝さんに、その弟子である私が、企業経営について質問をする形式で進みます。その質問の多くは、私がメディアフラッグという会社の経営者として実際に悩み、その当時、坂本さんに相談を持ちかけたものです。私が投げかける疑問や悩みに、坂本さんはいつも親身になって相談に乗ってくださいました。その都度、ためになる助言をいただき、私はそれを実行してきました。

坂本さんと私とのリアルな経営問答を通じて、坂本さんの「フィロソフィ（哲学）」を読者の皆さんに存分に吸収していただこうというのが、本書のコンセプトです。

また、坂本さんは、ご自身の経営の在り方を「仕組みで勝って、人で圧勝する」と表現されています。

「俺の」シリーズ、ブックオフは極めて独創的かつ洗練された「仕組み」といえます。誰も思いつかないような革新的なビジネスモデルを作って、まずは「仕組み」で勝つ。そして、「仕組み」を実際のビジネスとして動かしていくのは「人」です。従業員のモチベーションを高め、その持てる能力をいかんなく発揮させることで「圧勝」するのが、坂本さんの経営です。

本書の構成は、この言葉にならい、第1部を「仕組みで勝つ」、第2部を「人で圧勝する」としてまとめています。そして、第3部「経営者の資質」では、坂本さんに経営者としての在り方について、いろんな話題をざっくばらんに伺っています。

本書を通読すれば、坂本孝さんの経営のエッセンスを網羅的に汲み取ることができると思います。


思えば坂本さんはとても不思議な方です。一方で常に創造的なビジネスを編み出し続ける、孤高の天才のような側面を持ちながらも、実際に会ってお話をしてみると、口調は落語の噺家《はなしか》のようで、人情味に溢れた方です。お酒を飲みながら、仲間のために働くことの大切さ、従業員に理念を伝えることの大切さを、滔々《とうとう》と話してくださいます。

そんな坂本さんの魅力が読者のみなさんに少しでも伝わり、本書に書かれていることが、新しい事業を立ち上げようとしている方や、日々のビジネスに悩む方々の何かのよすがになれば、これに勝る喜びはありません。

第一部

仕組みで勝つ

第一章 福井康夫の独白

二勝十敗の起業家

　私が坂本さんに初めてお会いしたのは、メディアフラッグを創業したものの、経営がうまくいかず、人も離れていき、何もかも投げ出しそうになっていたときのことでした。そんな私を見るに見かねて、坂本さんは私を励ましてくれて、経営者としての心構えを、酒を酌み交わしながら語ってくれました。

　ベンチャー企業は苦労の連続です。特に私のようなサラリーマンがベンチャーを起業したりすると、壁にぶつかったときのあきらめが早く、せっかくよいビジネスをしていたとしても、目先の資金繰りに苦労して、事業をあきらめてしまうケースも多々あります。

苦しい局面に立たされたとき、経営者はどのように判断し、乗り越えていけばいいのでしょうか？

7回失敗しても8回目で大勝すればいい

坂本　私は人生で10敗していますからね（笑）。12戦していて、2勝10敗という成績ですよ。そして今、「俺のイタリアン」「俺のフレンチ」といった「俺の」シリーズで13戦目を戦っています。

ということは人生において、本当に「もうだめだ」と思ったことが、10回以上あるということです。

盛和塾の塾長で、京セラ創業者である稲盛和夫さんの著書の中に「もうダメだというときが仕事のはじまり」という言葉がありますよね。この言葉に、私は何回も勇気づけられてきました。

このビジネスがもうダメだとなったときに、その事業を踏ん張って続けるのか、それともやめるのか、という選択に迫られます。

私はそこで踏ん張らないで、次々に新しい世界に移っていきました。もうこれはえらい飛び石です。私の場合は、全く別の新天地の中で、白紙の中からモノを考えた方が、何かが見えてくるような気がしているんです。

もうダメだと思ったら、別の世界で頑張る。新しいビジネスに挑戦する。7回転んだら8回起きる。8回目で圧倒的な勝利を収めれば、帳消しなんですよね。マーケットが違うということに気づいたら、傷が深くなる前に撤退する勇気も必要なんです。

私が最初に出くわした大きな失敗は、オーディオ事業でした。

私は、慶應義塾大学を卒業してから、山梨で家業の精米・精麦業に入りました。30歳ぐらいまではそこで働いていたのですが、30歳そこそこのとき、私は官僚化してしまったその会社に愛想をつかして飛び出してしまい、独立してオーディオの販売を始めたんです。

1970年のことでした。ちょうど、ナショナル、ソニー、東芝、サンヨーなどの街の電気屋さんに活気が出てきたころです。

まだ当時オーディオはホームセットという形で売られていました。スピーカーと、アンプとチューナー、それにレコードプレイヤーとカセットデッキが一つのシステムになっていて、それぞれのパーツを自分で選んで、自分だけの音をつくるという、一つの趣味の世界だったんですね。ちょうど真空管のアンプから、普通のアンプに変わってきたぐらいの時代です。

秋葉原には、そういうアンプを選んで買える店があったのですが、山梨の甲府にはそういうものがなかったので、郊外に500坪の土地を購入して店を出しました。駐車場は20台分。店の名前は「ユアーズ」です。リスニングルームをつくって、お客さんに実際の音を聞いていただいて、選んでもらうというような店でした。いわゆるオタク相手の商売でした。

自信を持って企画書を書いて、銀行の融資も受けました。でもうちの親父は、嫌だって言って賛成してくれませんでしたね。実家は精米・精麦業という、手堅い商売をやっていたので、物販を軽んじていたところはあったと思います。

会社を立ち上げてから3年やってみたのですが、ものの見事に失敗しちゃいました。最後は資金繰りに悩んで街金にまで手を出しました。会社は倒産して、店舗は銀行のものになりました。「ユアーズ」という店名のごとく「あなたのもの」になってしまったんですね（笑）。

倒産の最終的な引き金になったのは、当時信頼していた社員が、こっそりと商品の横流しをしていて、３０００万円ぐらい抜かれてしまったことでした。

しかし、そのようなことがあったとしても、経営がしっかりしていたら持ちこたえることができたはずです。

でも、当時の私は、人生を左右するような出来事だったのに、なんで自分が失敗したのか、理由がさっぱり分かりませんでした。自分は悪くない、悪いのは他人だと、ずっと思っていました。

失敗する人は皆他人のせいにする

坂本　失敗した理由が失敗したときに分かれば、それに対応すればいいわけですから、倒産に至るはずがありません。だけど渦中にいると、気が付かないものなんですね。結局、景気が悪いとか社員に問題があるとか、他に責任を求めて、自分のせいだとは考えない。自分のせいだって考えたくなかったんですよね。失敗する人というのはみんなそうです。

あとから考えてみれば、幾つでも倒産の理由は思いつきます。

環境的な理由でいえば、町の電気屋さんの細やかなアフターフォローに負けていたり、ダイエーのようにメーカー品をディスカウントする業態が登場してきたことなどが挙げられます。

事業の終わりかけのころ、甲府にダイエーが開店したのですが、私の店にあった9万8000円のオーディオ商品が、仕入れ値より安い6万円で売っていました。これを見たときは、一巻の終わりだな、と思いましたね。

ただ、環境的な理由もありますが、主な理由は自分の判断ミスでした。東京でオーディオは流行っていたけれども、山梨ではまだ早すぎたとか、お店の雰囲気が気取りすぎていたとか、初期の設備投資を余計にかけすぎた、だとか。

当時のオーディオメーカーさんの話を総合すると、つまるところは、私が判断を見誤っていたことが原因だったということに気が付くのですが、その頃の私は全く自分のせいだとは思いもよらなかったんです。

その後、試行錯誤の末にたどり着いた中古のピアノ販売業はうまくいきました。全国の調律師に手紙を出して、中古ピアノを集めて、仕入れたピアノのチラシをつくってセールをするというシンプルな仕組みでしたがヒットしたんです。

今でも中古ピアノの一斉セールをしている会社がありますが、その元祖が私です。

そのあとに始めたのがブックオフという事業です。中古ピアノと同じ中古商品ではありますが、全く畑違いの中古書店という業種です。客層も単価も違いますし、業界に関する何の予備知識もありません。

でも、だからこそ、単純にこの業界のこういうところがおかしいんじゃないか？とか、もっとこうすればお客さまが喜ぶんじゃないだろうか？というふうに考えることができるんですよね。お客さまの悩みが、そのまま新しいニーズになります。そういうやり方の方が、私はどうやら得意なようです。

ブックオフを例にお話しすると、それまで古書販売は、仕入れに目利きが必要な世界だとされていたのですが、その仕入れ方、値付け方、売り方は、決してマーケットが望んでいるものではないと気づきました。

そこで、従来の古本屋さんとは真逆に、目利きはおかず、本がきれいかそうでないかだけという、ブックオフ独自の価値基準、判断基準をつくりました。定価1000円の本であれば、100円で仕入れて500円で売るというシンプルなものです。価格は本がきれいかどうかだけで決まります。

本の断面を紙やすりで磨くと新品同様になるという手法を聞いて、メーカーと一緒になって集塵機や研磨機を開発しました。研磨機は古本屋の作業を革命的に効率化しました。これらを含めて、私は古本屋の工業化を目指しました。

こういった考え方が結局、それまでの中古書店の価値観を壊して、お客さんに支持していただけたからこそ、今のブックオフがあるのだと思います。

「理念」の重要性の気づき

坂本 ちょうどそのころ、目に留まったのが、稲盛和夫さんの『心を高める、経営を伸ばす——素晴らしい人生をおくるために』(PHP研究所刊)という本です。

その本の中で「利他」という言葉に出会いました。「他人のために汗を流す」と書いてあるが、この意味が当時の自分には全く分からない。自分の頭のハエを追い切れていないのに、なんで他人のために汗をかかなきゃならんのか。僧侶の講釈・講話としてはいいかもしれないけど、実務じゃこうはいかんだろう、と。

でもよく考えてみれば稲盛和夫さんは、京セラの創業者という一流の実務家です。第二電電を立ち上げるときにも、自分の胸に手を当てて「動機善なりしや、私心なかりしか」……つまり、この事業の立ち上げに関して、自分は「動機が善だろうか？自分の儲《もう》けや名誉のためにやっているわけではないだろうか？」ということを熟考してから着手したのだというのです。

そこに心打たれて、もしかしたらここのあたりが、自分のこれまでの幾つかの失敗の主な原因なのではないだろうか……と思い至って、早速盛和塾に入塾したのです。

琵琶湖のほとりの大津市で行われた盛和塾の例会に行くと、たくさんの働き盛りの経営者が平日の昼間だというのに集まっていました。聞くと1000人を超えているといいます。

この忙しい中、例会に来ることができるということは、事業成績がいい企業の経営者ばかりに違いないという話を聞いて、これはまたすごいことが起こりそうだと感じました。

そして稲盛塾長が壇上に上がったときのシーンと静まり返った感じ。参加者の方が、みんな一斉に何かを学び、もぎ取ろうとしている姿勢にまず心打たれて、そこで稲盛塾長の口から、「利他、他人によかれ」という言葉を聞いて、その意味が、すとーんと、腹に落ちたんです。

そして、そのときにやっと、自分が反省することを知ったわけですね。

オーディオ事業の失敗も、自分の責任だと反省しました。ビジネスモデルもよかった、資金もきちんと銀行から調達できていた、従業員だって、オーディオの経験者でいい人を採用した。悪かったのは、すべて自分だった。目から鱗が落ちる思いでした。

せっかくなのでここで、盛和塾で特に重要な「六つの精進」と「経営12ヵ条」を紹介しておきます。

六つの精進

1　誰にも負けない努力をする

2　謙虚にして驕《おご》らず
3　反省のある毎日を送る（利己の反省および利己の払拭）
4　生きていることに感謝する（幸せを感じる心は〝足るを知る〟心から生まれる）
5　善行、利他行を積む
6　感性的な悩みをしない

経営12ヵ条

1　事業の目的、意義を明確にする
公明正大で大義名分のある高い目的を立てる。
2　具体的な目標を立てる
立てた目標は常に社員と共有する。
3　強烈な願望を心に抱く
潜在意識に透徹するほどの強く持続した願望を持つこと。
4　誰にも負けない努力をする
地味な仕事を一歩一歩堅実に、弛まぬ努力を続ける。
5　売上を最大限に伸ばし、経費を最小限に抑える入るを量って、出ずるを制する。利益を追うのではない。利益は後からついてくる。

6 値決めは経営

値決めはトップの仕事。お客さまも喜び、自分も儲かるポイントは一点である。

7 経営は強い意志で決まる

経営には岩をもうがつ強い意志が必要。

8 燃える闘魂

経営にはいかなる格闘技にもまさる激しい闘争心が必要。

9 勇気をもって事に当たる

卑怯な振る舞いがあってはならない。

10 常に創造的な仕事をする

今日よりは明日、明日よりは明後日と、常に改良改善を絶え間なく続ける。創意工夫を重ねる。

11 思いやりの心で誠実に

商いには相手がある。相手を含めて、ハッピーであること。皆が喜ぶこと。

12 常に明るく前向きに、夢と希望を抱いて素直な心で

昔の坂本孝は不遜がスーツを着て歩いていた

坂本　オーディオの会社をやっていたころの坂本孝は本当に不遜な奴でした。もし当時の坂本孝が歩いている姿をビデオに撮って、今再生してみたら、まるで傲慢がスーツを着て歩いているのを目にすることになると思いますよ。「社員はみんな自分が採用したし、俺がみんなを食わせてやってるんだ。俺の言うことを聞くのは当たり前だ」という思いが、スーツを着て大手を振って歩いているようなものです。

そういうのは、心に思うだけじゃなくて、モロ顔に出るんですね。それで、みんなお金目当てで一緒にいてはくれるけど、少し目を離すと、すぐ向こうを向いちゃうっていうね。

そういう人、今の世の中にもいっぱいいますけどね。そういう人を見ていると「ああ、昔の俺はもっとひどかったんじゃないか」って思います（笑）。

福井　では、最初にオーディオで失敗してから稲盛塾長に出会うまでは迷いっぱなしだったと……。

坂本　オーディオに失敗したのが30代。ブックオフを創業して稲盛さんに出会ったのが50代でしたから、20年間ですね。その間、自分の失敗の理由が分からなかったんですよね。

だから、その間の事業もずっとうまくいかなかったんだと思います。途中、中古ピアノの販売という、少しうまくいった仕事もあったんだけど、あれだって今思うと、社員の力をきちんと発揮することはできていなかった。ビジネスモデルをはじめとする、経営戦略や販売方法が間違っていたというよりも、経営者としての自分の心に、みなさんを引き付けるだけの魅力がなかったんだということですね。

今でも稲盛塾長が経営について語られるときには、100人ぐらいの中小企業であれば、社長が社員全員を惚れさせてみて初めて会社が成り立つと言っていますよね。経営の原点はそこにあって、それが勝負の分かれ目になると思うんです。

経営は考えた理念の実践で、社長は社員の幸福を理念に据える。そして「利他」の心をもって、社員の幸福のために社長が一生懸命努力をする。そうしたら、100

人くらいの中小企業であれば、社員は社長に惚れるよと。

今でもそれはものすごく心に響きわたっています。


社是、社訓、理念。この旗印を社員みんなで共有する。

真っ先に実践するのが社長です。50歳を過ぎてでも、盛和塾に出会って、そこのところに気が付くことができたのは、本当によかった。

ブックオフでも、それをやり始めてから、何か知らないけれども何店舗かやっていくうちに赤字がなくなっていって、見違えるように社員が輝き始めました。

名もない古本屋ですから、創業して数年は、パートやアルバイトを集めるのにも苦労しました。でもそのときにパート・アルバイトとして採用して、のちに社員になった人たちは、会社に理念を掲げたときから、見違えるように輝き始めたという実感がありました。

それまでは勢いに任せて、私も人を怒鳴ったりがなったりしていたんですけどね。

これが、私が失敗から学んだ一番大きなことです。

人の言葉が奮い立たせる

福井　私も坂本さんに推薦していただいて盛和塾に入りました。

坂本さん自身は、直接ああじゃない、こうじゃないということを僕には言わないのですが、盛和塾に入ってちゃんと勉強をすれば分かるから、と言っていただいて、今おっしゃられたことが、少しずつ理解できるようになってきました。

そういえばメディアフラッグは、創業から4年間連続して赤字で、その赤字を僕が入居しているビルのせいにしたことがあって、これだけは坂本さんに無茶苦茶叱られましたよね……。

坂本　絵を贈ったんですよね（笑）。

福井　そうそう。ビルのせいにしている場合じゃないだろって言って、大切な絵を10枚贈っていただいて、頑張れよ、と（笑）。

坂本　思い出しますね。福井さんがいきなり本社を移転したいと言い出した。どこかで占ってもらったのか何なのか知らないですけど。全部会社の所在地のせいにしてですね（笑）。

福井　他責の極みで、社員どころかビルのせいにしていましたからね。3年半いたんですけど、引っ越したくてしょうがなかったんですね。でも引っ越す前に絵を贈っていただいて、それを見ながら反省しました。すべてこれは自分の責任だと。

でもやっぱりそういうふうに気づかせていただいて、何が一番変わったかというと、離職率が下がったんですね。当時は47％ぐらいあったのが、1桁の5％になって、ほとんど人が辞めない会社になっていきました。

坂本　創業社長は、誰もが必ずつらい目にあって、反省をするんですよね。なぜこんな貧乏くじを自分ばかりが引かなければならないんだろうか、とか。順風満帆に行く会社なんてなくて、創業から5年ぐらいまでに何かの挫折をして、もうダメだと思うような瞬間が何回か来ると思います。

自分の心を奮い立たせるのは、誰かからかけてもらった言葉だとか、座右の銘だとか、そんな小さなことが大きなきっかけになるんですよね。

つらいときには、一人でこもらずに、自分の視野を広げるために、企業の社長の勉強会や講演会に行って、いろいろな困難を乗り越えてきた人の体験談を聞くのが、非常にためになるんです。

特に失敗を乗り越えた経営者の話を聞けば勇気を掻き立てられます。なかには自分の成功ばかり話したがる人がいるけれど、あれは心に残りませんね。

自分の前に現れる壁は、決して乗り越えることができない壁ではない。もちろん、かなりの努力をしなければ、乗り越えることはできません。でも安易に乗り越えられないからこそ、勇気が奮い立つ。その壁を乗り越えたときに、本当に力がついて、経営力が上がっていくんです。

もう一つはやっぱり、ずっと心に持っているのが「もうダメだというときが仕事のはじまり」という稲盛さんの言葉ですね。この言葉っていうのはね、奮い立たせますね。

この言葉で奮い立った人が、何十人、何百人といるんじゃないかなと思います。

運がいい人と付き合うと自分の運もよくなる

坂本　そうやって壁を乗り越えられると、いい人が集まってくる。広い夜空にしっかりと北極星の位置を見定めて、まっしぐらに進むべき方向へ経営の道を突き進んでいくと、どこかから光がさして、周りにいい人が集まってくるんです。

これは、たぶん福井さんも経験されたことがあるんじゃないかな。

福井　ありますね。会社が赤字続きで幹部社員が全員辞めたときに、それでも会社の状況が分からない若い子たちは残っていて、一生懸命働いてくれていました。坂本社長をはじめとする出資者のみなさんや、昔から残り続けてくれていた社員みんなが、頑張れ、頑張れ、と背中を押してくれた。本当にそれが大きかったです。ある意味、自分の運がよかったんだなと思います。

坂本　運は自分で勝ち取るものですよね。さらに、運がいい人と付き合うことで、自分の運もよくなっていく。

「小人閑居して不善をなす」じゃないけれども、悪い人と付き合うと、どうしても悪い人が周りに集まってくるようになる。だから人を見るときには、その人自身を見るだけではなくて、その周囲の人を見ればいいんです。

よく一緒に飲みに行く人でもいいですし、家族や奥さんでもいいですけど、周囲の人をよく見てください。

もっと言えば、会社を見るときであれば、社長そのもので判断するのではなくて、専務、常務、監査役の三役をよく観察してみてください。その人たちを見れば、完全に会社の実力がわかると思います。この人たちは、社長が積み重ねて構築した人脈であり、作品なんです。

それと、三役も大切なのですが、すごくいいことをやっているのに、事業がダメになってしまう人に欠けているのは、よい師匠の存在なのではないかと思います。よい師匠に導かれることで、よい人が集まりだす。

そうでないと、どこからともなく変な人が集まってきて、身動きが取れなくなる。変な金融ゴロみたいな人を師匠にしてしまったりしたら、その時点でアウトです。変なお金をつっこまれて、事業そのものが立ちいかなくなってしまってもおかしくありません。

自分にツキが回ってくると、よい人が付いてくるようになります。運にはそういう法則があるように思います。

第二章

「ずぶの素人」が始めた飲食業界の革命

福井康夫の独白

坂本さんはブックオフを創業し、現在は飲食業という全く畑違いの分野で「俺の」シリーズを創業し、快進撃を続けています。ブックオフ、「俺の」シリーズともに、誰も思いつかないような革新的なビジネスモデルが特徴です。とくに「俺の」シリーズでは、どういうきっかけでこの業態にたどり着き、どう実現させていったのか。そのビジネスモデルの秘密を改めて聞きました。

低価格・高原価率・超高回転率

坂本　私は今「俺の」シリーズのレストランで、新しい挑戦を始めています。これも私が飲食業界について、ずぶの素人だったから思いついたビジネスモデルでした。

２００７年にブックオフを退任したあと、私はある人に勧められて、軽い気持ちで飲食業を始めました。初めは居酒屋の経営だったのですが、これはうまくいっていなかった店の、後始末のような仕事でした。

その後、新しい業態を開発するためにバリュークリエイトを設立しました。私とは同じく飲食とは無縁で、しかし飛ぶ鳥を落とす勢いだった元証券マンの安田道男さんと、料理人として飲食の現場で活躍していた森野忠則さんの３人で、さまざまな飲食店を視察しました。

安田さんは当時スイス系の投資銀行を退職して独立してお仕事をされていました。僕がブックオフを辞めてからの方が付き合いは多くて、仕事の仕方がとてもスマートだったので、冗談で「安田さんみたいな人がうちに来てくれたらな……」ってお世辞を言ったんです。そうしたら「分かりました。明日から来ます」って、本当に来ちゃいました。

僕は相当驚いたんですけど、安田さんは「坂本さんがいるから来ました。ほかに理由はありません」ときっぱり言うんですよ。

安田さんは金融のエリートのような印象はありますが、元野村証券の個人営業から這い上がった人で、かなり泥臭い現場のたたき上げの人です。

僕は感性や第六感でビジネスを組み立てるのですが、安田さんはそれを数字で論理的に裏付けてくれます。

「俺のイタリアン」を開店するときの試算も、お客さまの回転率が上がれば、原価率が高い方が利益を出しやすいと数字でもって証明をしてくれました。これを「安田理論」と呼んでいます。

そして、その高回転数を実現するためには、インパクトのある価格が重要という結論にも至りました。彼は、アイディアを数字で表現することの重要性を経験から確信しています。

また、もともと証券業界という異業種から来ているという点では、飲食店業界を知らない私とお互いシンパシーを感じているのだと思います。

森野さんは飲食業界の世界を歩んできた人です。「銀座アスター」を経て、「王府井」で総料理長を務めた中華料理のプロフェッショナルです。

飲食業界に関してはずぶの素人の私や安田さんのアイディアを、わが社の料理人に伝えるのが彼の役割です。

飲食業界では、原価率は30％に抑えるのが常識とされていました。世の中の料理人さんは、シビアに原価にこだわって料理を作ってくださいましたが、森野さんはその部分を劇的に変えるのだということを料理人たちに分かりやすく伝えてくれました。

これまで原価率30％の世界で戦ってきた人たちに、原価率80％のメニューを考えろと言っているのだから、これはもうものすごい発想の転換です。

森野さんは、とても慎重な考えで、常識はずれの発想を貫く安田さんと、最終決定をする私との間で、よいバランスをつくり上げてくれています。

それで、新しい業態をつくろうと、3人でお店を視察しているときに、当時繁盛していたミシュランの星付きのお店と、立ち飲みビストロに目を付けたんです。

で、普通なら「ミシュランの星付きレストラン」と「立ち飲みビストロ」を別々にやろうと考えるんだけど、私たちはその2つを一緒にしてしまうことにしました。回転数を上げて原価率を上げようという発想も、固定観念にとらわれていたらできなかったことでしょう。

新しい境地に立って、試行錯誤を繰り返すうちに、自分なりのやり方を見つけるのが私の方法論のようです。手がける事業に前後関係があまりないのは、そういうことが理由なのかもしれないと思っています。

福井　時系列でつながっていなかったとしても、ブックオフ、「俺の株式会社」それぞれ「人を生かす」とか「人を育てる」という軸……つまり理念の軸ではつながっているのではないかと感じることがあります。

坂本　理念の部分は、つながっていますね。それが失われると、自分のビジネスの本当の軸が失われてしまいます。木に竹を接ぎ木するようになってしまいますからね。

B2F

S.WATANABE
Woodcut Print
PIZZERIA BAR
俺のイタリア
GINZA

真似できない要素をこれでもかと付け足す

福井　坂本さんは「ビジネスは、競争優位性や参入障壁をいかに高くするかが重要だ」と繰り返し述べられています。僕もここ7、8年ご指導いただくなかで、何回も、「福井さんの所の参入障壁は何なんだ」って言われて、ちゃんと答えられなくて駄目出しされています。

でも坂本さんに言われるたびに、「何を差別化するか」というのを考えて考えて考えて、その結果、他の競合がほとんどやっていないスタッフ教育をもっとしっかりやって、顔の見えるスタッフの集団をつくる、単なるモニターではない組織をつくる、ということを実践しています。モニターでもないし、人材派遣でもない。うちは理念共有ネットワークです、とマニュアルにも書いています。

半年に一度くらい、「最近どういうふうに競争して、参入障壁はどうなのか」というお話を坂本さんに伺うと、すぐに自分もそれについて改めて考えなくちゃいけないと思うので、すごくいい学びをいただいています。

「俺の」シリーズの参入障壁について改めて聞かせてください。

坂本　外食産業なんてものは、本当にモノマネ産業でね。全く同じ店が出ても誰も文句を言えません。業態の真似なんて日常茶飯事。少し調子がいい業態ができると、すぐにそれを真似する会社が出てきます。

あるときのことです。居酒屋のW民さんを研究しようといって、10人ぐらいでお店に行ったんですよ。焼き鳥だ、ビールだ、食事だと注文して、原価が何割で、客単価はいくらだ……ってW民さんのビジネスモデルを飲み食いしながら私は参加者の方に自信満々で説明しました。

で、店を出て、後ろをパッと見たらね、「U民」って書いてあるんですよ（笑）。いやあ、本当に驚きましたね。それぐらいお店同士が似ている。下駄箱も同じ大きさだし、イロハニホヘトって並んでいるし、木札の大きさまで同じだし。

モノマネ産業ですから、うちの「俺の」シリーズの店も狙われるんじゃないかと思っていましたが、なかなか競合らしい競合は出てこないですね。そもそも真似がしにくい業態なんです。

「俺の」シリーズの店は立ち飲みですから、普通のレストランに比べて、同じ広さの店に3倍のお客さんが入ります。普通のレストランは1日1回転で利益が出るようになっていますが、「俺の」シリーズは1日3回転で利益が出る仕組みです。3倍のお客さんが、1日に3回転するので、3×3=9。つまり、1日に普通のレストランの10倍のお客さんが入るんです。するという普通のレストランの居抜き物件に、「俺の」シリーズの店を出すと、厨房のガスの能力は足りなくなるし、トイレの数も足りないということになります。

そもそも新橋に出した「俺のイタリアン」の1店舗目なんか、店舗面積が16坪で、厨房も3坪ですからね。夏は暑いし、仕事はキツイ。過酷な作業環境で、朝から晩まで働き続けなければならない。でも逆に工夫によって、最短で動ける距離に調理機器のすべてを置くことができれば、動き回らなくてもいいから便利な厨房と考えることもできます。

料理人たちも、初めはその厨房を「使い勝手が悪い」と言っていましたが、しばらくしてから「使いやすい」と言い始めましたから。

大量の仕込みをして、たくさんのお客さまに喜んでいただき、品切れが続出するという日々の小さな達成感の積み重ねも、その厳しい環境で働き続ける原動力になっていると思います。

こういった安田理論を現実化する際に必要となるノウハウは、最初は試行錯誤しながら、失敗しながら学んでいきました。そのうち店舗数が2桁になると、カウンターの位置をはじめとする店内のレイアウトだとかも、スムーズに決められるようになりました。

今、私たちは、フレンチ、イタリアンはもちろん、割烹、焼き鳥、おでん、焼き肉、そば、中華など、さまざまな種類の業態を展開しています。将来的には20種類ぐらいに拡大して、このビジネスモデルがどこまで通用するのかを試しつつ、最終的には10ぐらいに収斂《しゅうれん》させていこうと考えています。

この業態には立ち飲みが合うのか、合わないのか。その世界には料理のプロがどれぐらいいるのか、いないのか。そういうことが関係してくるのだと思います。

そして、こういった試行錯誤の末に得られたノウハウの積み重ねも、われわれにとって、他の会社に真似されない競争力の源泉になるんですよね。

さらに私たちはそこに、今度はワインを飲みながら音楽が聴ける店というのを目指そうとしています。これもコストパフォーマンスを高めるための戦略の一つです。これはうちの幹部にはナイショなんだけど（笑）、音楽家をどう育てるのかが、僕の今一番の関心事なんですよ。

料理の味と価格によるコストパフォーマンスはある程度できあがりつつありますから、料理人のみなさん方がいろいろな発想を持ってやればいいけど、音楽家を育てるというところは、いまのところ社内では僕しかできません。さらに、ジャズだけではなく、クラシックの演奏家なども抱えようとしています。

毎年音楽大学を卒業するのは、全国で1000人ほどいるそうです。ですが、その中で演奏することで食べていけるのは、たった2・5％にすぎません。あとの人は、音楽の先生をやったり、音楽関係の産業に就職するのですが、さらにそのうち半分の人は、音楽とは全く関係のない仕事に就職します。

料理の世界も似たような感じなんですけど、料理は訓練すれば最低限食えるんですよね。だけど音楽の場合は、働く場所すらありません。

ですから私は、演奏家を育てて、最高で最大のクラシック軍団をつくろうと思っています。誰を幸せにするか。どれだけ幸福な人をつくることができるかが企業の大きさであって、質になるのです。
そして、これでもか、これでもかと、ほかの会社には真似できない要素を付け加えていくことによって、競争優位性を勝ち取ろうとしています。

価値を高めろ、値段を下げろ

福井 当たり前の話になるんですが、「俺の」シリーズの店は新規客も多いのですが、リピーターも本当に多いですよね。リピーターを増やすために何かやっていることがあれば教えてください。

坂本 今「俺の」シリーズの店では、リピーターを増やすための販促施策は一切行っていないんですよ。メールやDMを送るといったことは、一切無駄だと思っています。コストパフォーマンスが高ければ、お客さまは必ず繰り返し来店してくれるからです。
これは一般の物販にも言えることです。福井さんもよくご存じだと思いますが、コンビニの商品は、スーパーマーケットの商品に比べたら高いけれどもよく売れていますよね。コンビニで商品を買う価値は、24時間いつでも空いているとか、家のすぐそばにあるとか、「利便性」なんです。それに加えて品質も高い。コンビニの野菜を食べてみると、下手な居酒屋のサラダなんかと比べても、新鮮ですよ。

だから飲食店の良し悪しも、サラダを見ればよく分かりますね。新鮮で、野菜がパリパリとしていて、心を込めて盛り付けがしてあって、おいしいソースがかけられている。それでいて、値段は「えっ!?」って驚くほど安い。そういう商品を出すことができたら、お客さんは絶対に倍くらいは来店すると思うんですがね。

バリュー（価値）をプライス（価格）で割ってごらんなさい。それを1以上にするんです。いくら値段が安くても、価値がそれ以下であれば、お客さんは絶対に店に来やしません。

価値を高めて値段を下げる。そうすれば必ずお客さんは行列をつくるんです。

これはもう、単純にして絶対的な真理です。

私も、これまではそういうことが分かっていませんでした。ですが、この仕事を始めてから、お客さんは意外とコストパフォーマンスに対しては敏感だなって分かったんです。もしお客さんが繰り返し来てくれないんだとしたら、商品が悪いか、価格がそれに比べて高いか、どちらかだと思いますよ。

北海道の帯広に本社を置く六花亭というお菓子屋さんがあります。マルセイバターサンドやストロベリーチョコは北海道土産の定番ですが、あそこのお菓子は安いですよね。北海道にいくと、ついついお土産にたくさん買ってしまう。

「あーあ、買いすぎちゃったよ」と思うんだけど、みんなに渡すと「おいしい」って感謝されるんですよね。

売れる店になるためには、お店の立地とかサービスとか、いろいろ要素があります。あいさつだ、笑顔だっていうよりは、まずはコストパフォーマンスだと思います。もちろん笑顔もあった方がいいけれど、コストパフォーマンスが弱いところで、笑顔を優先しちゃってお客さまに無理に店にきてもらうように販促をしても、あまり意味がないんです。

だって、コストパフォーマンスが高くて、お客さんが店に来てくれれば、もともと笑顔が少ない人でも笑顔になりますよね。お店が活性化して楽しくなってくる。来店客数が増えれば、そこで働いているスタッフのモチベーションも高まっていくんです。

右手にフィロソフィ、左手に損益計算書

福井　新商品の開発はどうやっているのですか？　坂本社長が直接指示をすることはあるんでしょうか？

坂本　やりませんよ。だって私、メニューのこと、分からないもん（笑）。

もともと私は、そばや寿司のような和食が好きで、フレンチやイタリアンについては門外漢なんです。そうは言っても、この2年で数えきれないほどイタリアンやフレンチのメニューは食べてきました。現に試食会にも参加しています。ただし味についてはあれこれ細かく意見をすることはありません。

「今日の○○シェフの料理は料理人の域を超えてアーティストのそれですね」とか、褒めて歩くのが私の役目なんです。ダメ出しは私がしたらいかん。それはほかの人がやる。結局、今メニューの開発はそれぞれのシェフが自由にやっている状態ですよね。

基本的に、「俺の」シリーズの店は、どこから仕入れをしてもいいし、どんなメニューをつくってもいいことになっています。自分でつくって売れるならば、その店の

料理長が決めても構いません。ただし、損益計算書の帳尻だけは合わせてくださいね、と言っています。

ですから、つくってはみたものの売れなくて、発売から3日ぐらいで引っ込めてしまうようなメニューもたくさんあります。そんなものは本部で統一できませんよ。何百店もあるチェーン店じゃないんですから。

損益計算書の帳尻さえ合えば、何をやっても構わないので、場合によっては原価が売価の200％もするような料理を堂々とメインにすることもできます。

例えば、俺のフレンチの看板料理である、牛フィレとフォアグラのロッシーニ。これは以前1280円の値段でご提供していましたが、1個注文されるたびに、原価だけで200円の赤字なんです。だからお客さんが団体で来店されて、ロッシーニと水だけでオーダーが続くと経営上はたいへん困るんですよね（笑）。

他のメニューを食べてもらったり、ワインをガブガブ飲んでいただけることで採算が合うような仕組みです。

価格を上回る原価のメニューをつくって売るというのは、みんな初めてなんです。みんな高所恐怖症で、原価をかけることを怖がります。でも「俺の」シリーズのレストランでは逆なんです。原価は「じゃぶじゃぶ」かける。それでお客さまは満足してくれて、店にまた足を運んでくれる。

「じゃぶじゃぶ」ですよ。これがポイント。

俺の割烹の厨房にも「じゃぶじゃぶ」って書いた張り紙をしているぐらいです。損益計算書の帳尻が合っていれば、それでいいんです。


福井　とはいえ、損益計算書の帳尻を合わせられる料理人というのは、世の中では珍しいですよね。

私は元銀行員なので、財務諸表も読めますし、事業別採算性だとかも当然のこととして考えていましたが、料理人は職人気質の方が多く、数字に興味がある方は多くないという印象です。

シェフが損益を計算できるということは、他との差別化のためにも非常に重要だと思いますが、そのあたりの感覚をどのように育てているのでしょうか？

坂本　そりゃもう、毎日の現場がトレーニングですからね。
それと、うちの秘密兵器は携帯電話の日報メールです。店舗ごとの開店日やフロア面積、客席数、その日の天候情報はもちろん、売上目標と実績、客単価、回転数……そういう数値をデータ化して、毎朝メールで全社員の携帯に配信しています。

それだけではなくて、店ごとに「今日はシェフの○○さんが、○○という料理を投入したところ、一番人気でした」「××さんが、素晴らしいホスピタリティを発揮して、お客さまからお褒めの言葉をいただきました」「今日はしばらく入院でお休みしていた○○さんが、元気に職場復帰しました」とか、そういうコメントも毎日店長が記入して、全店、全社員に送っているんです。

たぶん、こうしたメールはまとめるのに30分から1時間はかかっていると思いますけれども、非常に重要な情報共有の仕組みになっていますね。受け取った人も、感想があったら返事を出してコミュニケーションを高めています。こうした情報が現場を強くしているのです。

こういうものをつくると、競合に情報が漏れてもおかしくはないんですけどね。きっとチェーン大手さんまで情報は伝わってしまっているのでしょう。

でも、大事な自分の社員に、社内の情報を伝えないなんておかしなことです。よく「社外秘」ってありますけど、そういう秘密をつくると社内にも伝わらない。

おかしなことです。

だから、チェーン大手さんに漏れても構わないから、うちの社員410名全員に知ってもらう。この情報は外部に出してはいけませんよ、なんて言わないでも、漏れてますよ。だけど、これは絶対にわれわれの大きな武器です。

遠くから通勤している人は、朝の出勤のときに電車の中でメールを読む。そうすると会社や仲間に対してより親しみがわいてくる。フィロソフィを共有する、数字を共有することに対して役立ちますね。データを共有した状態で、会って話をすれば、スムーズに物事が理解できます。


だから、会社のことで「知らされていない」なんて声は、今のところ一つもありません。もちろん毎朝の朝礼でそういうことを伝えるのは必須なんですけれど。

でもね、実はこの日報メール、僕が全社員に配信しろと言ったわけじゃないんですよ。気が付いたら勝手に流れていたの。新卒2年目の子が管理をしていて、社内の会議で、これこれこの人まではこのメールを送ろうと決めていたんだけれど、「欲しいという人がいたから全員に送付した」とかなんとかで、気が付いたら社員全員に流れていた。ストップしようかなと思ったんだけれど、みんな「ああ、この間の日報ですか。いいんじゃないですか?」って。のんきなもんですよ。

ですから、これは戦略ですなんて偉そうに言っているだけで、実は単なる「結果オーライ」なんですけどね(笑)。

いずれにせよ、日報をつくる方も、受け取る方も、大変な労力かもしれませんが、それが一つの情報源になっているので、やってみてよかったと思っています。

行列は店舗間の競争の証しである

福井　うちも毎日の業務内容や実績は日報システムを使って共有しています。理念や数字の共有に、日報システムはよく貢献していますね。こうやって数字を共有することでほかに何か効果はありますか?

坂本　それぞれの店は、同志であり、同時にライバルです。

今、私たちは自社間競争するほど、銀座の狭いエリアでドミナント化を進めています。だって自社間競争をそこでしてしまえば、よその店は入ってこられないでしょ。

銀座の狭いエリアに同じ屋号のフレンチレストランが5店舗もあるのです。

さらに、自社間競争をしながら、お互いの店舗同士で売上げや客単価、客数が全部ばれているのですから、これが刺激にならないわけがありません。

銀座に俺のフレンチＴａｂｌｅ Ｔａｋｕという店があるのですが、2階で看板が見えず、集客にとってはこれほど不利な店はないんです。でも、常にガッチリ行列ができていて、カッチリ利益を上げている。だから周りの店は、Ｔａｋｕさんはいったいどうやって料理をつくって、どうやって集客しているんだ？ って、相手のメニューや施策を研究したりするんですよ。お互い全部バレバレの競争相手なんです（笑）。


この前東京に大雪が降ったとき、俺の割烹は行列が途絶えてしまって、せっかく時間ができたから会議でもしようと打ち合わせをしていたの。そしたらその間にも俺のフレンチには行列ができていて、俺の割烹の料理長が「悔しい、会社が違っていたら、石でもぶつけてやりたかった」って（笑）。もちろん冗談ですけどね。

料理長であっても、自分の店にどれだけ行列ができるのかというのは、ストレスを感じて胃が痛くなるぐらいの競争なんです。

仲間でありながら、常にライバル。その心地いい緊張感が、私たちをものすごいスピードで成長に導いているのだと思います。

それで、こうやって各店舗の損益を公開すると、みんな損益に敏感になりますよね。自分のはもちろん、自社内の他店舗の損益も気になりますし、全然関係ない店の損益まで気になりだします。

そうなってくると、ラーメン屋に行っても、うなぎ屋に行っても、つい席数を数えて、客単価と原価を想定して、架空の損益計算書をコソコソと頭の中でつくるようになりますよね。

例えばラーメン屋さんだったら、この立地なら夜は3回転で、席数が20だから客数は1日60人。このメニューの内容だから客単価はいくらぐらい、営業日数が月25日、そうすると売上げは月いくらだな。利益は餃子でとってるのかな、ビールかな。ラーメン2杯につき餃子1皿が出ないと収支が合わないな。従業員数は何人で、家賃はいくらぐらいかな、とか。

そういう計算を日常的にするようになると、これが、数字に強くなるんですよ。

チェーンストアの場合は、本部がレシピを考案して、マニュアルをつくって、その通りに店舗にメニューをつくらせたり、材料の仕入れも本部が一括でやって、各店舗が本部から商品を送ってもらうような形をとるようになっていますけど、私どもは先ほども申し上げたように、レシピと仕入れ先と価格設定は、全部各店舗の全くの自由裁量になっています。店舗の料理人が現金を懐に築地に行って、旬のネタを仕入れてきても構いません。

それで、ある日看板メニューのロッシーニを1280円で売っていて、原材料費だけで2円オーバーしているってメニューですが……これをどこかのお店で200円上乗せして1480円にしたところ、全然売上げに影響がなかったんですよ。普通に売れてしまった。

それくらいみんな一品の価格を真剣に考えて提供しているし、臨機応変に変化させることができる。どこかのお店が1280円で出して、堂々と社内で価格競争をしても面白いと思います。

これがコンビニだったら、自分で勝手に価格を変えることはできません。発注先も決まっています。お店の人が自分の独自性を出せるとしたら、発注の数量と、接客の部分ぐらいです。「俺の」シリーズの店舗は、そういう意味で、本当に自由裁量なのだと思います。

第二部

人で圧勝する

第三章　福井康夫の独白

理念は潤滑油である

第一章で、坂本さんの師である稲盛和夫氏の言葉を紹介しました。今では坂本さんは繰り返し経営理念の重要性を説かれています。しかし、稲盛氏に出会うまで、坂本さんご自身も経営理念の大切さを理解していなかったと言います。

私がメディアフラッグを立ち上げたときも、経営理念については「みんなつくるものだから一応うちもつくっておこう」くらいの考えで、自分がそれを実現するとか、それを軸に経営しようとかいう考えは全然なく、ただ何となくつくっていました。そのせいで、何のためにこの会社は存在しているのか、何のために社員は働くのか、という軸のない会社になっていきました。上場してお金持ちになって将来楽したいから働くのか、というような、すごくブレた状態でした。

その結果どうなったかというと、次々に社員が辞めていきました。先にも述べましたが、そのときは離職率が47％ぐらいで、2人に1人はもう1年以内に辞めていくような会社でした。軸足がない中で、しかもずっと赤字だったので、みんな嫌になって、どちらかというと中堅以上の社員から辞めていきました。若い子は数字が分からないから何となく付いてきている、そんな状態でした。

ちょうどそのころに坂本さんにお会いして、理念がいかに大事かということを盛和塾での勉強を通じて教えてもらいました。それからすっかり変えていったという経緯があります。坂本さんに、経営理念についての考え方を改めて伺いました。

理念が存在しない会社は危うい

坂本　私も起業したての若いころは、福井さんと同じように、書店で経営理念集という本を買ってきて、どれが一番美しい言葉かなぁ……って選んでいましたよ。それを立派な額に入れて飾って、それでおしまい。

でも、事業を続けていると、いろいろな困難にぶつかります。事業そのものが失敗したり、人が辞めたり、不正をされたり……。

なんでこうなったんだろう？　と考えを巡らせたときに、理念が存在しない会社には、危ういことが起こるということに気づきました。経営理念は社員の心を一つにする「よりどころ」なんです。

「俺の株式会社」では、自社の理念を「俺のフィロソフィ」という冊子にして、従業員に配布しています。大きく分けて10項目あって、さらにそれが60ほどのエピソードにわたっています。

盛和塾ではフィロソフィは、まず社長が自分で噛み砕いて体得し、さらに従業員にそれを伝えて、従業員とともにそれを共有し、血肉化するという工程が必要とされていました。ですが、私の場合はただ1工程、この冊子を配布しただけです。

一応従業員には、理念集の読み合わせをしておいてください、とは言っていますし、幹部にはフィロソフィ研修も行っています。ただ文字にして、手渡すだけで、組織の中に瞬く間に浸透していったのです。

ブックオフで10年かかったことが、わずか2年でできちゃった。理念があっという間に従業員に行き渡ったんですね。それも、腕のいいシェフから順に、です。

シェフというと一匹狼で、わがままで自分勝手で人の言うことなんか聞かないんじゃないかと思われがちですが、予想外のことで驚きました。

そして、私がみなさんの心の中に閉じ込めてほしい、しまっておいてほしい、と繰り返し伝えているのは「仲間のために汗をかく」。この一言っきりです。他に何も言っていません。

例えば、私たちが学んでいる稲盛塾長の京セラフィロソフィの一つに、「人の行いの中で最も美しく尊いものは、人のために何かをしてあげるという行為である」というものがあります。私たち盛和塾生は、ここから京セラフィロソフィという考え方を学び、自社のフィロソフィに取り入れ、生かしているのです。稲盛塾長も、そのような活用を奨励されています。

　では具体的に何をすればいいのか、ということなのですが、一緒に働いている仲間が困っているときは助けてあげること、これなんですよね。仲間の仕事が終わらなければ、行って手伝ってあげる、そういうことです。


「俺のイタリアン」の1号店が最初にできたときは、まさに寄せ集めでした。みんな雑種犬みたいなもんです。全員思いが違っていました。

　その一人はイタリアンの三ツ星シェフ出身の山浦敏宏さんでした。当時イタリアに3店舗しかなかったミシュランで星を持つ店のうち2店舗で修業した方です。彼は、いくらおいしい料理をつくっても、3万～5万円も払えるのはごく一部の人たちで、3000円ぐらいでたくさんの人に食べてもらった方がやりがいがあるんじゃないか、という話をしたら、入社を即快諾してくれました。

　もう一人はフランスの三ツ星レストラン「アラン・シャペル」で修業をしていた遠藤雄二さん。もう一人はグランメゾンの「ひらまつ」で料理長を経験された藤井大樹さん。そして、店長はお笑い芸人志望から、飲食に転じられた異端児の高坂進さん。

　全く違う人種が集まっていました。そして、その接着剤になっていたのが、理念であり「仲間のために汗をかく」という言葉だったんです。

「利他」というたった一つの言葉で構わないんです。同じ職場の仲間同士が、他人のために汗を流す。チームの仲間の仕事がうまくいっていないときは、みんなで手伝ってあげようと思う。そういう小さな行為が大切なんです。それで「ありがとう。おかげさまで」という心の交流が生まれたときに、会社は大きく変わります。

みんなのために汗をかく、ということがどれだけ素晴らしいことか。それまで、一生懸命働いていたのだけれども、自分の心が晴れ晴れとしなかったという人が多かった。でもこの理念に出会ったとたん、人のために汗を流せばいいのか、ならばもっと頑張ろうとなる。誰もが、そのような機会を求めているのではないかと思います。

以下、「俺のフィロソフィ」より抜粋

経営理念

飲食事業を通じての地域社会への貢献

全従業員の物心両面の幸福の追求

計画達成のための4か条

1 一つの部門のメンバーが全員自分の部門の目標を知っていること
2 部門の数字がメンバー全員に分担されていて、全員達成意欲を持っていること
3 メンバーは自分の数字に責任を持っていること、リーダーは数字のチェックを日常的に行っていること
4 目標のために常にミーティングにより衆知を集めていること

俺の唱和

今日も一日
私たちは自信と情熱を持って
お客さまには最大の満足を
お店と商品に対しては
深い愛情を注ぎ
奉仕の精神を忘れることなく

自ら希望達成のために努めます

いらっしゃいませ
はい、かしこまりました
少々お待ちくださいませ
申し訳ございません
ありがとうございました

「仲間のために尽くす」（京セラフィロソフィより引用した「俺のフィロソフィ」の一節）

人の行いの中で最も美しく尊いものは、人のために何かをしてあげるという行為です。人はふつう、まず自分のことを第一に考えがちですが、実は誰でも人の役に立ち、喜ばれることを最高の幸せとする心を持っています。

かつて真冬のアメリカで起きた飛行機事故で、一人の男性が自らが助かるというその瞬間に、そばで力尽きそうな女性を先に助けさせ、自分は水の中に消えてしまうという出来事がありました。人間の本性とはそれほど美しいものなのです。

FERRARI
Blanc
ソムリエ Selection

私たちは、仲間のために尽くすという同志としてのつながりをもって、みんなのために努力を惜しまなかったからこそ、すばらしい集団を築くことができたのです。

仕込みを手伝うホールスタッフ

坂本　飲食業界では、厨房とホールの仕事がきっちりと区切られています。

厨房とホールでは、その間の暖簾なり、仕切りなりを境として、世界が違いますし、お互いには干渉しないという暗黙のルールがあるそうです。

ところが、普通、仕込みは厨房の仕事とされているのですが、「俺の」レストランでは、当然のように、ホールの人が仕込みをどんどん手伝うんですよ。ホールのスタッフが、早く来てオープン前のホールで、黙々とチーズを削ったり、野菜をちぎったりする。

これは、新しく入ったシェフにとっては、とても新鮮な光景らしいです。こんな光景は見たことがないとよく言われます。私はてっきり、他でもそうやっているもんだと思っていたのですが。

仲間のために汗をかくということを、私が何回も繰り返し社員に伝えて、もちろん自分の心の中にも常にその言葉があって、それが浸透したことを、社員が行動で示してくれたのだと思いました。

さらに「俺の」レストランがオープンキッチンであるというのも、お互いを気遣い合う風土づくりに一役買っています。

オープンキッチンにすると、ホールの方から、お客さんの感想の声が、直接耳に入ります。

「すごい！」「おいしい！」「こんなに安いのに、フォアグラこんなに大きいの？」。そういう声を、シェフたちと、ホールスタッフの両方が耳にする。

ホールスタッフも「せっかくこの人がつくったスペシャリティなのだから、これをお客さまに満足のいくかたちでご提供して、さらに喜んでもらおう」という気持ちになる。

逆に、ホールが立て込んできたら、シェフがホールを手伝うことだって「俺の」レストランではあるんです。

ホールと厨房にも境界線がありますが、フレンチとイタリアンでも、コックスーツを別なものに仕立てたいと思うぐらいの見えない境界線があるんですよね。そういう全く違った価値観を持った人たちが、垣根を越えるときに、このフィロソフィが役に立つんです。

仲間のため、という動機

坂本　そうなると、みんな自発的に仲間を応援するんですよね。最近、こんなことがありました。

当然のことながら、「俺の」レストランには、それぞれ毎月の売上計画があります。そして、毎月の会議の席で、予算を達成した店に対して、みんなで拍手をして賞賛するのです。計画を達成できない店は、拍手をされません。あれは、キツイですよね。

銀座の店は自社内競合をするぐらい密集して出店をしていますから、各店の店長はしのぎを削って、売上げを伸ばし、コストを減らし、計画を達成しようと懸命になっています。

「俺の」シリーズのレストランは、東京の銀座を中心にドミナントで出店していますが、大阪と福岡にも離れ小島のように出店をしています。それで、ある日、ある店のシェフたちが、「○○と2人で今週いっぱい博多に応援に行ってきます」と言うんですよ。

人手が足りていないから、博多まで応援に行ってくる、と。

彼らの人件費は自分の店もちなので、自分たちにとっては何の得にもなりません。パート・アルバイトの応援については、人件費の付け替えをしますが、店長や料理長については付け替えをしないんです。

それなのに、彼らは進んで仲間を助けに行こうとする。自分の評価を上げようとか、上に認められたいとか、そういう動機じゃないんですね。そこらへんをみんなあまり考えなくなるんです。

でも、定例の会議で、みんなの前で拍手をされなかったら、それはつらいでしょう。みんな葛藤しているのだと思います。仲間のために尽くしつつ、自分の店の成績もあげたい。

だけど、全部仲間のために、なんです。お互いが尊敬するようになると、そういうことが起きてくるんです。こんなことは、就労規則やマニュアルには書けませんよね。

シェフはもともと一匹狼の存在です。昔「包丁一本さらしに巻いて」という歌がありましたっけね。そういう才能がある彼らだから、「利他」という言葉に出会って、自分に足りなかったものに、あっという間に気付くことができたのだと思います。

会社の危機を救った理念の共有

坂本　私は2012年6月に、転んで頸椎損傷したことがきっかけで、しばらくの間、生死の境をさまよいました。両手両足が動かず、一生寝たきりの宣告をされ、5カ月間の入院生活を余儀なくされ、その間会社を不在にしなければならなかったのです。

無事手術が成功して、2012年11月には退院しましたが、私が会社を空けていたその時期に、理念というものがさらに社内に広まり、会社が結束していったような気がしています。

この会社はみんなの会社であり、こういう非常時こそ理念を共有して頑張らなければならない。災い転じて福となすの典型だったと思いますね。

ですから5カ月後、私が会社に復帰してきたときには、前の会社よりぐんとよくなっているということを感じました。従業員も増えていましたし、収益も上がっていた。

福井　それは当時の主要なメンバーの方々が、坂本社長はいないけど、坂本社長ならこのことをどう判断するんだろう？　と、理念に照らし合わせて判断をした結果ということでしょうか？

坂本　自分は入院していて、半径３ｍの生活だったから、その時、会社の中がどう動いていたかは知らないんですけれどもね。従業員の真剣度が増してきたというのはヒシヒシと感じました。当時従業員は１００名ほどでしたが、社長がいないからさぼっちまえとか、仕事の残りは後回しにしようとか、そういう風に思っていたら、僕がいない間に一気に会社は崩壊したんだと思うんですよ。

私がいなかったことで、結果的に志を一つにすることができたんだと思います。そこが心強かった。同じ職場で働く仲間の同志的な結合が一層強固になったのではないかと思います。

共通言語を持った瞬間に会社は爆発的によくなる

福井　僕は坂本さんと出会って、当時坂本さんが社長を務めていたブックオフのお仕事を受注したあと、ブックオフの仕事を知るために、店長向けの研修を受けさせていただきました。

そのとき研修会場にふらりと坂本さんが現れて「店長にとって一番大切なことはなんだと思いますか」と受講生の方に質問をしたんです。みんないろいろなことを答えたのですが、坂本さんは「それは、ちゃんと朝お店に出てきて、従業員と毎日会話をすることだ」とおっしゃいました。

僕はメディアフラッグを設立する前は、長らくセブン‐イレブン・ジャパンで働いていたのですが、セブン‐イレブン・ジャパンの鈴木敏文会長もダイレクトメッセージを重視していて、当時は毎週本社に全国からSV（スーパーバイザー）を集めて彼らに直接語りかけたりするんですよね。その経験と坂本さんの話が重なって、感心したことを覚えています。

僕自身も、メディアフラッグの中に理念を浸透させるために、毎日日報を書いています。その中に従業員へのメッセージを織り込んで毎日配信していますし、会社にいれば朝礼でも話をするようにしています。

るんですよ。

坂本　共通言語を持って話すことができるようになったとき、会社は爆発的によくな

私は同じことを、お経のように繰り返し繰り返し言い続けています。耳にできたタコが取れて、その下からまたタコができるぐらい同じことを言い続けるんです。

私が店長会議で発言したことを、店長が同じ言葉でお店の人たちに伝えるようになるのが目標です。ほとんどの会社では、そこで間に入った人が、別の解釈を加えてしまいますからね。

ブックオフにいたころは、毎月1回店長会議をしていました。そこで私が毎回話をするんですが、そのあとの懇親会で、パートさんから「社長が言っていることは、うちの店長が言っていることと全く同じですね。もしかして、うちの店長からその話を聞いたのですか?」と何回も言われたことがあります。

これは本当にうれしいことですよね。全社に自分の指示が、あまねく、素早く、パートさんにまで伝わっているということですからね。

エクセレントカンパニーの一つの指標は、社長が出した指示がどれぐらいの時間で

社員全体に伝わるかということです。朝社長が出した指示が、夕方までにはすべての現場に伝わっているようでなければなりません。会社の理念をしっかり共有することで、指示の浸透力はより早くなります。そこで最初に、理念という潤滑油を流しておけば、今度は課題が理念という油に乗ってスーッと流れていくのです。

だから会社は潤滑油をつくることにお金をかけなきゃいけない。

共通言語を持つためには、共通の理念が必要です。考え方を同じくするためには、地ならしをする必要があって、それができていれば言葉がすんなり通っていきます。理念を共有することは、決して目的ではありません。他のいろいろなことがスーッと伝わるようになるための地ならしというのかな。私は理念というものは、そういうものだと解釈しています。

そうすると、ほかの会社から転職してきた人も、あっという間にその会社に染まることができるんです。あるいは、合わないなと思った人は、最初から入社さえしないとか、そういう防御策にもなる。

中には、みんなが同じ考え方をしているから、変な宗教団体に入っちゃったな、と思う人もいるかもしれませんけどね（笑）。

垣根を越えるための言葉

福井　優れたビジネスモデルをひらめく経営者は、ともすると自分の思いを形にしたいという気持ちが強く、周囲に迎合しない人が多いようにも感じます。しかし坂本社長は、独創的なビジネスモデルをつくりながら、人を大切にすることの重要性を繰り返しおっしゃいますよね。人の大切さに気が付かないまま突き進んでしまう経営者の方もいますが、どのように思われますか？

坂本　どんなに素晴らしいビジネスモデルを考えても、一番大切なのは人です。人を大切にしないということは、丹念に土を耕して、種を蒔いて、水をやって、芽が出てどんどん伸びようとしているのに、そこから先、光も水も与えないのと同じです。人に声をかけてあげる、その気持ちっていうのは、植物にとっての水と太陽みたいなものです。

どんな社長でも、初めから人の大切さに気づいている人は、そう多くはありません。せっかく種から芽が出たのに、何もしない。でも普通はどこかで気が付きますけどね。言いすぎちゃったとか、辞められてしまったとか、そういうことで反省して。

福井　確かにそうですね。でもうちにはいい社員がいない、うちの社員はバカだと言って回る社長もいます。

坂本　自分の顔を鏡で見てみろって感じですよね。

まず、自分から相手のことを好きにならなければいけません。こちらから相手を好きにならないと、相手もこちらを好いてはくれません。私は福井さんのことが好きだから、福井さんは私のことを好いてくれているでしょ？（笑）

シェフの面接をするときは、私がだいたい一生懸命事業の説明をして終わってしまいます。自分はどういうことを考えていて、自分はどう思ってこの事業に携わろうとしているのか、ということです。それまでの職歴を聞いたり、給料がいくらだとかは、私がする面接じゃありませんからね。

「俺の」シリーズの店は、客単価3000円から4000円で、しかも立ち飲みです。そこに、それまで1人前3万円の客単価のお店で働いていたミシュランの星付きシェフが来ているのです。それには相当な覚悟が必要ですよね。ここにも、理念が浸透する一つの理由があります。

私たちの会社は、従業員それぞれがリスクを背負っているのです。それは出資をする、という性質のリスクではありません。人が、ある事業に命を懸けるというリスクです。今でこそ少しずつとはいえ、多くの方に会社の名前を知ってもらうことができました。ですが、設立当初はバリュークリエイトという会社名で、飲食店業界では海のものとも山のものともつかない存在でした。

シェフにとってみれば、そんなところで働くよりも、「シェ・松尾」や「ひらまつ」のような有名なレストランの総料理長であった方が、世間体はいいわけです。

ですから私もシェフに声をかけるときは命懸けでどういう事業をしようとしているのかを説明します。

向こうも必死でこの会社に懸けていいのかと悩んだ末に判断をしました。そして、世間体や名声を蹴って、この会社を支えることを選んでくれました。

お金ではないんですね。お金で釣れたものは、お金で逃げてしまうものですから。

面接が終わったら「今日は時間ある？　じゃあ、奥さん連れて7時に銀座の久兵衛でも」って言うんです。銀座で寿司といったら久兵衛と言われるぐらいの名店ですが、予約は取れませんし、どこの料理長も、いつも厨房で働きづめですから、なかなか行けない店なんです。

そこで、面接したあとの料理人と奥さんとで食事をしていると、今田洋輔さんという久兵衛のオーナーが「坂本さん、また日本の優秀な料理人を集める気ですか!?」ってさらりと言ってくれるんですよ。

さらにダメ押しで、「いいお店にお決まりですね〜」なんて、今田さんから言ってもらえると、大抵の料理長は、すっかりその気になってしまいますよね（笑）。

第四章 福井康夫の独白

人材こそ最大の競争優位性

ベンチャー企業にとって、人の採用というのは常に悩ましい問題です。企業規模が小さいうちは、そもそも人を採用することができません。大きくなれば教育の必要性なども出てきます。

私はメディアフラッグを創業したときに、どうやって仲間を集めればいいのかよく分からなくて、自分の周りにいた仕事のできる人にひたすら声をかけました。頭がよくてしっかりした人を仲間に入れれば、自分の事業は成功するはずだと信じ込んでいたんです。

周囲の取引先だとかで、優秀な人を追いかけて、引き抜いてくるのが社長の力だと、ものすごい勘違いをしていたのですが、会社の業績が悪くなった途端、皆いなくなってしまいました。理念も軸足もしっかりしていないから、採用しても人が辞めていってしまう。

そんな悪循環の中で、坂本社長から「採用の基準は、頭のよさも重要だけれども、人柄の方がもっと大切だ」という話をしてもらいました。そのお話を受けて、私は経営理念の中に、「人間性重視の組織を構築する」という文言を盛り込みました。

私たちはどのような人を採用し、どのように組織をつくっていく必要があるのでしょうか?

不器用な人ほど大成する

坂本 ブックオフのときは、計算と読み書きぐらいはできないとまずいだろうということで、昔、一度だけ社員を採用するときに1人1万円ぐらいかけて職業適性検査を行っていました。それで成績のいい人を上から順に30人ぐらい採用したんです。ところが、入社してしばらくすると、この順番が、成績が上の人は下に、成績が下の人は上になって、ぐるっと逆転してしまいました。

医者とか研究者とか超頭脳労働ならまだしも、普通の人と向き合ってする仕事には、頭のよさは直接関係がないんでしょうね。

同じ盛和塾の仲間に、神奈川県の秋山木工という注文家具の会社があります。入社すると、見習い期間を含めて5年間は「丁稚」として全寮制の生活をします。男も女も頭を剃って、あいさつ、掃除、生活習慣から学ぶというところです。

そこの会社の方が、「最初に器用な人は大成しない」と言うんですよ。「不器用なやつほど、いい職人として残る」って。初めからノミが使える器用な人は、自分の器用さに溺れて脱落してしまうんだそうです。だけど不器用な人は、ほかの人より遅れているということを自覚しているから一生懸命やるので、3年たつとトップになるというのです。

これは本当にいい話ですよね。

採用基準は業種によって異なります。読み書き計算の成績の上の方から採用するばかりがいい会社ではありません。

最近は、ある大手アパレルチェーンでも昇格試験をするんだそうですね。で、テストの点がよくないと上に上がれないそうです。店長になるときに「有価証券報告書」の意味を試験で聞いても仕方がないでしょ。銀行とか証券会社みたいな仕事ならまだしもね。

人を育てることについても、私は一つキーワードを持っていまして、「情報を与える」ことが大切だと思っています。そして情報の「量」は「移動距離」に比例して、情報の「質」は「体験の量」に比例するんです。それに基づいて体験をさせるということですね。

どういう意味かというと、遠くまで行けば行ったほど、その先で得られる情報の量が増え、体験をすればするほど、情報の質が深まるということです。

ですから、出張に行くときにはできるだけ近場ではなくて新幹線や飛行機を使って遠くに行くのがいい。隣の店に行ってもなんにもならない。一人ででも、遠くまで行ってくる。移動する距離が長ければ、コストもかかりますし、移動時間も無駄になります。だけれども、それが情報の量につながるのです。

福井さんが勤めていたセブン‐イレブン・ジャパンはスーパーバイザーの会議のために、コストをかけて全国から人を集めていますよね。今の時代、話を聞くだけならインターネットを活用するなど、いろいろな方法がありますし、わざわざ東京まで集めなくてもできると思うんですよね。

だけど、わざわざ東京まで行って、鈴木敏文会長の話を聞くからこそ、情報の量が変わっていくのだと思います。つまり、合理性や効率性では計れないっていうことですよね。

絶対に人と会って話をしなければならないし、一番いいのは一緒に乾杯することです。これをやんなきゃダメですよ。

3回のミーティングで人は変わる

福井　今メディアフラッグでは業績が不振だった和菓子屋の経営再建に挑戦しています。「十勝甘納豆本舗」と「菓心たちばな」という店を展開している十勝たちばなという会社で、従業員が200名、そのうち正社員は約100名で、残りはパート・アルバイトです。店舗は関東中心に33店舗あり、2014年3月には、新ブランドの「甘味しゅり春秋」を立ち上げ、沖縄に2店舗を開店しました。

これまでに2回全店を回って、お会いできる人には直接声をかけて、話をさせていただきました。店長はだいぶ心が変わってきて、日報を見ていても「今会社も危機だし、メディアフラッググループになって、何とか頑張っていこう」みたいな空気になっているんですが、一方でパート・アルバイトさんの意識を変えるのは非常に難しいなと感じています。

坂本さんは、ブックオフの時代に、パート・アルバイトを戦力化するためにいろんな仕組みをつくってきたと思うのですが、パート・アルバイトさんに責任と自覚を持って働いていただける、そういうコツというかやり方がもしあれば、ぜひ教えていただきたいです。

坂本　経営者とパート・アルバイトさんがいろいろ話をする機会もあると思います。そこでトップの人が、まずパート・アルバイトさんの話をよく聞くってことですよね。まず聞くだけで、よくなる会社はたくさんあると思います。

1対1じゃなくてもいいんです。トップ1人対パート・アルバイトさん30人で構いません。パート・アルバイトさんを募って、お話を聞く。現場の何を今改善したほうがいいのか、自分が日頃思っていることを話してもらって、心をこめて聞くんです。

もちろん、彼・彼女らの前で、社長の方針を伝えて、会社の方向性を浸透させるための集まりも当然必要です。でもその次は、パート・アルバイトさんの話を聞かなければならない。

そのパート・アルバイトさんとの話し合いを、よりファミリー的な雰囲気にするために、パート・アルバイトの中のリーダー格と、あらかじめ飲み会を開いたらどうでしょう?

例えば、30名のパート・アルバイトさんとお話をするときには、あらかじめ5人ぐらいのリーダー格とお酒の席で話をしておきます。

そうすると、その後、改めて30名ぐらいのパート・アルバイトさんとお話をするときに、リーダー格の人が口火を切って話を進めてくれるんです。そうすると話がとても伝わりやすくなる。

それを3回やってみたら、パート・アルバイトさんの意識は全く違ってくるんじゃないですかね。

人とお酒を飲むときに気を付けたいのが、自分の独演会になってはいけないということ。相手から、なるべく話を引き出してあげることが大切です。

「社長が自分にこんな話をしてくれた！」と思うより、「自分の話を聞いてくれるなんて、なんていい社長なんだろう」って思ってもらう方が、数倍威力があります。とはいえ、社長も、しゃべりたくてうずうずするんですけどね。

結果的には自分もしゃべってしまうのは仕方ありませんが、社長のお酒に付き合わされて、社長一人が「今日はいい会だった」と思うようじゃあいけません。半分以上相手にしゃべらせることができたら合格です。抜群に効果が出てきますよ。

飲んで、パート・アルバイトさんが心をよくしてくると、トップの言う理念だとかが、すと一んと、一人一人の心の中に入っていって、会社に一気に染み込んでいくんですよね。そうすると、そのあとは何を話しても伝わりやすくなります。逆に、お互い信頼感がないと、氷の表面みたいによい話をしてもピーンと跳ね返ってしまう。

食事と少しのお酒。ジャズの演奏があるとなおよいかもしれませんね（笑）。

第五章

福井康夫の独白

誰もが命を懸けられる場所を探している

坂本さんは「ビジネスは、競争優位性や参入障壁をいかに高くするかが重要だ」と繰り返し述べられています。

僕も坂本さんから何回もメディアフラッグの参入障壁はなんだ？　と質問をされていて、きちんと答えられずにいます。

「俺の」シリーズの最大の成功要因は、超優秀なシェフを採用できたことにあるように思います。原価率を高くするのは誰でも真似しようと思えばできますが、優秀なシェフの採用は「俺の」シリーズの店にしかで

きません。
仕事に「システム」と「人」と「ノウハウ」という3つの軸があると
すると、「人」のところを最も大切にする必要があるように感じました。
では、どうすれば「人」で参入障壁を築くことができるのでしょうか？

パート・アルバイトが目の色を変えて働く理由

坂本　私は1991年に50歳を過ぎてから、ブックオフという企業を創業しました。

そのあと、ブックオフのビジネスモデルが評価されて、「アントレプレナー」と名前がつく賞をたくさんいただきました。

1993年12月　ニュービジネス協議会　優秀賞
1998年12月　東洋経済新報社　アントレプレナー賞

1999年6月　起業家倶楽部 優秀起業家賞
1999年8月　盛和塾第7回全国大会 敢闘賞
2000年12月　日経BP ベンチャー・オブ・ザ・イヤー賞
2004年9月　稲盛経営者賞 非製造部門第一グループ第1位
2004年10月　アントレプレナー・オブ・ザ・イヤー日本代表選出
2005年5月　ワールド・アントレプレナー・オブ・ザ・イヤー（モナコ世界大会）出場
2006年9月　ハーバード・ビジネス・スクール ベンチャー・オブ・ザ・イヤー賞

その中で一番大きかったのが、アントレプレナー・オブ・ザ・イヤーです。

2004年にアントレプレナー・オブ・ザ・イヤーの日本代表に選出されて、2005年には世界規模の起業家の表彰制度であるワールド・アントレプレナー・オブ・ザ・イヤーに出場しました。

これは本当に大きなイベントで、モナコの豪華ホテルで開催されて、花火はあがるわ、鳩は飛ぶわ、すごかったですね。でも日本代表として英語でスピーチしなきゃならなくてね。それまでは「世界中の人が日本語を話すべきだ」くらいのことを言っていたので、そのツケが回ってきまして。英会話教室の個人教授を頼んで、なんとか5分間のスピーチをこなしたという……。これが一番感動して、感激したときでした。

もっとうれしかったのが、ポーター賞（ハーバード・ビジネス・スクール　ベンチャー・オブ・ザ・イヤー賞）という賞をいただいたことです。

これは、ハーバード大学のマイケル・ポーター教授に由来している賞で、日本企業の競争力向上を目的として創設されたものです。イノベーションによって、高い収益性を維持している日本企業に贈られます。ブックオフと同じ年に受賞したのが、中古車販売のガリバーインターナショナルと日本電産でした。

ブックオフは、そのときにパート・アルバイトの質と高いモチベーションについて評価していただきました。彼らの能力を引き出すための人事制度に優位性を見出してくれたのです。自分がやってきたことを認められたということで、感無量でした。

その賞の受賞理由の中に、グアムで行っていた研修旅行が取り上げられました。

1年に2回、1回100人ほど、全国から集めたパート・アルバイトのリーダーさんをグアムに連れて行くわけですよ。店長からは「なんでこの忙しいときに、グアムになんか連れていくのだろうか？」と言われたりもしたのですが「まあまあ、いいから黙って見てな。変わって帰ってくるから」って無理やり連れていくんです。

成田、関西、新千歳……、全国の空港から、時間差でグアムにパート・アルバイトさんが集まってきます。初めはみんな赤の他人同士です。バスに乗っても「この人だれ？」という感じです。

そして、オープニングセレモニーで、自分の店の店長が書いた、そのパート・アルバイトさんへの手紙を渡してあげます。手紙をぱっと開くと、店長がそのパート・アルバイトさんをいつもどのように思っているか、感謝しているかということが書かれているのです。

その手紙を読んで、私のことをそんなに考えていてくれたんだって、しくしく泣き出す人もいました。それと同時に1万円ぐらいのお小遣いも差し上げます。

こういうところには、お金をかけなきゃいけません。

それと、グアムという場所もポイントですね。やはり移動距離が長いほど、情報量が多くなって、感動の質も高くなります。当時は携帯電話もつながりませんでしたが、それもよかったと思います。
熱海とか箱根だとかの近場で、ごまかしちゃいけないんですよ。

そういう異質な体験をすると、みなさん緊張とリラックスの両方を感じるみたいで。そこで頭の中がぱっと開いて、こちらの話がみるみる浸透していくんですね。

グアムに到着した。店長からの手紙を読んでジーンとした。そのあと夜からは、飲み会コンパが始まります。2泊3日の旅行ですが、その間経営理念やマニュアルの話は一切しません。ただひたすら、飲んで、食って、遊ぶ。もちろん私も同行します。

夜は社長部屋というのをつくって、そこでみんなが仕事で体験したことなどいろいろな話をしていく。そういうふうにすると、パート・アルバイトさんの意識がどんどん変わっていくのがよく分かりました。心を空っぽにすると、人は変わってくるんですよ。

私がそこで分かったことは、人はみんな、本当に自分が命を懸けてもいいと思える場所を探しているのだということでした。ところが、経営者が心と目を開いてくれないんで、自分が本気になってやろうという気が湧かないんです。

でもこういう機会をつくると、みんないろいろなことを社長の私に直接質問してきますし、握手攻めになる。本音を語ることで涙する人もいました。

2泊3日のグアム旅行が終わって日本に戻ると、普通はそのまま家へ帰ると思うんですけど、そうではなくて、空港から店に向かって制服を着て、また働き始めるんですよ。お小遣いとしてお渡しした1万円も、自分のために使うのではなくて、全部同じ店の人へのお土産に使ってしまうのです。

グアムに行って、バカになって、感激して、感動して、この会社の中で自分の能力を試そう、いい場所を見つけた、とみんな思うんです。

人の心を動かすっていうのは、研修施設に一流の講師を呼んで、教科書の内容を詰め込むような教育も必要なことかもしれないけれども、一生懸命でもって、あんたたちみんな家族だよって伝えてあげること。

一宿一飯の恩義みたいなもんで、同じ屋根の下で、同じ釜の飯を食って、同じ銘柄の酒を飲んで、リラックスをさせてあげるとか、ヒゲダンスをして踊り明かすとかね。

本当にみんなバカになるってこと。

オフィスにいてネクタイをしていたら、誰だってバカにはなれないでしょ。必死になってヒゲダンスをしてみせて「うちの社長って、バカだなぁ！」って思わせる。社長が自ら歩み寄って、みんなと酒を飲んで握手をする。お互いそれぐらいバカをさらけ出したら、あとはこっちのもんです。心がパーッと開いていく。

それをやれば、見違えるようにパート・アルバイトさんは変わります。

フランチャイズ店の店長さんからは「グアムで何をやったんですか？」とよく聞かれるのですが、教えてあげません（笑）。

半年後には、その店の2番手の人と一緒にグアムに行く。たかだか、1000万か2000万円の教育研修費です。これは「たかが」だと思ってくださいね。こんなものはすぐに回収できますから。

2倍、3倍忙しくても笑顔の秘訣

坂本　パート・アルバイトさんに、なるべくミーティングに出てもらうというのもポイントだと思います。ブックオフのときは、相模原にあった本社ビルの上の階に、集会場をつくっていました。

そこに全国から店長を集めて、月1回店長会を開催していました。かなりの費用がかかりましたが、みんなそれを楽しみにしていました。その店長会議には、必要があれば、パート・アルバイトさんが参加してもいいことになっていたんです。

だって、店長とパート・アルバイトさんは、勤務形態が違うだけで、身分が違うわけではないですからね。

よくブックオフのフランチャイジーの社長さんで、アルバイトの人を「おいそこのアルバイト！」って呼ぶ人がいます。そういう社長さんにお会いすると「この社長はダメだな」と思いましたね。そういう会社はえてして業績もよくありません。

そういう社長さんは、本部に来ても「お宅の店のパート・アルバイトさんはすごいんですけど、どういう面接をしているんですか？」とか「どういう媒体を使って採用しているんですか？」とか、そういう些末な方法論しか質問をしてきません。

そうじゃないよ、と。

社長であるあなたが、「おい、そこのアルバイト」なんて、あたかも身分が違うかのように呼んでいる。きちんと「○○さん」って名前で呼んであげればいいのに。こんな差別をしていては、心の垣根を取り払うことなんて、できるわけがありません。

福井　その隔たりが、パート・アルバイトさんの、仕事への踏み込みをなくしているんですね。

坂本　そうそう。最前線でお客さんと接しているのは、パート・アルバイトさんですからね。彼らに対してミーティングを3回やれば、本当に別人のように変わりますよ。これは信じてください。それに対して投資すればいいんです。

福井　それにしても、「俺の」シリーズのお店は、あれだけ忙しいのに、従業員たちが、みんな笑顔を絶やさないのがすごいことだと思います。

坂本　普通の飲食店に比べると、2倍から3倍は忙しいですからね。それに対してどう反応するかは、完全に2つに分かれますよ。こんなのたまったもんじゃないと言って、3日で辞めてしまう人と、この忙しさが楽しいと言って、どんどん仕事をする人。

今までお店でお客さんを待って、我慢していたのだけれども、お客さんがどんどん来るんだから、それは楽しいですよね。

この忙しさを楽しいと感じる人が８人いると、楽しくない人が２人入ってきても、多数決で、全員楽しくなっちゃうんですよ。

仕事が楽しいと思えるのも、同じ理念をもって、働いているからでしょうね。優秀な料理人ほど、理念の浸透がものすごいスピードで進みました。ですから、みんな他人のために汗をかくことを厭《いと》わない。言葉でも、行動でも、それを示してくれる。

ホールの人が仕込みを一生懸命に手伝ってくれるというのが当たり前の光景ですし、早く来て、キュウリを切ったりするのが当然です。それを見て、料理人も、「ホールスタッフが厨房を手伝ってくれるなんて初めてだ」と感動していました。

厨房の人はホールの人に感謝の気持ちが出てきます。そうすると、今度は恩返ししようと思って、心を込めて料理をつくるんですよね。

さらにオープンカウンターだから、「この料理おいしい！」というお客さまの声がダイレクトに伝わってくる。

結局、「俺の」シリーズの店は、シェフがつくった料理にお客さんが喜んでくれる。その喜びを、従業員一同が一緒に分かち合える、そういうところにモチベーションがあるような気がします。

基本は理念の浸透。これに尽きるんです。

6分の1の期間でシェフが育つ仕組み

坂本　「俺の」レストランの事業を始めるときには、どうやって事業のライフサイクルを永続的なものにするかを考えました。

創業者がビジネスモデルや商品をつくったからと言って、それが独り歩きしていくわけがありません。不断の努力をしていくことが大切です。

「俺のイタリアン」「俺のフレンチ」などのレストランを始めるときには、原価率を限りなく上げることを大切にしました。それと、なんといっても腕のいい料理長、シェフを集めてくること。

おかげで今は、初めに入社してくれたシェフたちを頼って、いろいろな人が入社してくれるようになりました。私たちは、そのシェフたちのネットワークを維持しながら、なおかつこのモデルを海外にまで持っていこうという、大掛かりなことを大胆にも考えています。

「俺の株式会社」では、料理学校を卒業した新卒の料理人を、20カ月で一人前の副料理長まで育てるというプログラムを立ち上げました。そして、2014年の春には、辻調理学校や服部料理学校の卒業生を30名採用しています。

それまで新卒の料理人が一人前になるのには、10年かかるといわれていましたが、これがたった6分の1の20カ月になるのです。これが実現できたら画期的な取り組みといえるでしょう。

2014年4月、銀座の本社ビルの地下に「俺の食アカデミーGINZA」という研修施設を立ち上げました。

「一流の料理人は、一流の料理人を作る」をコンセプトに、最新の調理機器を揃え、イタリアン、フレンチ、和食、中華、てんぷらに必要な厨房施設や、スチームコンベクションオーブンなど、最新の調理機器を揃えています。

ここで生徒は、フレンチ・イタリアン、和食グループに分かれて、新商品開発や、

コンクールのトレーニング、ゲストへのもてなしなどを含む、20カ月間の研修を行います。このアカデミーでの講義と、現場でのマンツーマントレーニングを通じて、一人前の料理人を育成します。アカデミーを卒業すれば、同世代の料理人以上の給料をもらうことも可能です。

世の中が相当変化しているのに、飲食業界は封建制度の色合いが残っています。料理学校を出て、10年後に飲食の世界で料理人として残っているのは、1割以下なんだそうです。料理学校を卒業したら皿洗いを3年やって、そのあと料理人の仕事をそばで見て、ノウハウを盗みながら、時間をかけて成長していく、ということになっています。

でも3年間もお皿を洗い続ける必要があるのでしょうか？

皿なんて洗わなくていいんですよ。だって自動食器洗い機があるんだもの。皿洗いをさせるより、少しでも早く厨房で料理をつくって、少しでも早く一人前になってもらった方がみんなハッピーですよね。

今までシェフは、後輩に自分の手法を伝えて、自分よりも腕がたつようになったら、レストランの中での自分の地位が脅かされかねないから、技術を教えようとはしませんでした。自分がそのレストランの中で、料理人として尊重されて、長くそこで働きたいと思うから、自然とそういう動きになってしまうのです。

ですから、新人の料理人は、先輩から技術を盗むしかありませんでした。先輩の仕事ぶりをずっと見続けて、厳しい環境の中で技術を盗む。そういう世界だったから、一人前になるまで10年かかったんです。

でも今、「俺の」シリーズのレストランで大切にしている料理人の評価指標は「何人後輩の料理人を育てたか」なんです。それによって給料も変わっていきます。そうすると、面白いことに料理人の価値観も全く変わってくるんです。みなさん教えるということに専念し始めています。

これね、一種の大革命ですよ。

自分が持っているすべてのものを後進に伝えて、成長させようとする。ミシュランクラスの料理人が何人も揃っていて、マンツーマンで包み隠さずにノウハウを伝授する。新人の料理人にとって、こんなに素晴らしい環境はありません。

料理人が短期間で育つ背景には、もう一つの理由があります。「俺の」シリーズの店は、圧倒的な来店客数の多さが特徴です。普通のフレンチレストランの何倍ものお客が押し寄せます。それだけ料理をつくる量が多いわけですから、仕事を覚えるのも速いんです。

私は、若いうちに一度は目が回るくらい忙しい職場で仕事をしないとダメだと思うんですよ。「この会社に人生を狂わされた、俺は社畜じゃない！」と3回ぐらい怒鳴らないと、いい人間にはなれません。

スピードは、あるところで質に変化します。最初は質が低い仕事しかできなくても、スピードをもって仕事に取り組むと、あるとき質がぐんとよくなる。

福井 確かに人間、極限の状況に置かれると、ぽんとよいアイディアが湧いてくることがありますよね。

坂本 どこかの温泉宿で、のんびりリラックスして、ビジネスのアイディアを出してくださいとか言われると、私はダメですね。酒飲んで寝ちゃいます。

緊張があって、時間の制限があって、とても忙しいとき……その刹那にポーンと飛び出てくるものが、本当のアイディアなんですよね。

それと、居酒屋で飲んでいるときもよいアイディアが出やすいですね。居酒屋で議事録を取らなきゃいけないから、一緒に飲んでいる人は大変ですけど。

今までは、人材紹介会社にシェフを紹介してもらうと、莫大な紹介料を支払わなければなりませんでした。自前で料理人を育てることによって、これがそのままコストダウンになります。

人気シェフに学びたいということで、就職先としての人気も高まるといいな、と踏んでいるんですけどね。

創意工夫ができる環境に自ら身を投じられるか

坂本 仕事に取り組むということは、何かの価値を高めることです。生産性という価値もありますし、お客さまにとって「この値段でこんなおいしいものが食べられるなんて」という価値もありますし、価値にはいろいろな種類があります。
そして、人は仕事を通じて「意外と簡単な仕事」を繰り返しながら、鍛錬してエキスパートを目指さなければなりません。

普通に続けられることがあったら、生産性を上げるとか、そこから派生する新しい商品をつくるとか、いくらでも工夫の余地はあることでしょう。

どんな料理人でも、1日に1000個の卵焼きをつくる人には、おいしさでも、スピードでも、かないません。味加減や火加減、塩の入れ方、材料の目利き、黄身と白身の混ぜ方……。毎日同じことを鍛錬し、続ければ続けるほどいいものができます。

そこまで到達したら、今度は同じ素材を使いつつも、下ごしらえの方法を工夫して調理時間を短くできないかだとか、燃料が少なくてもできるようにしようだとか、創意を生かすことができる。もっと高級化してみよう、とかね。


そして、腕がいい料理人がいるから、人が集まる。行列ができる。

ではその技はどこで身につけるのかというと、いろいろなレストランを渡り歩いているうちに腕が上がっていくのだそうです。

普通のサラリーマンは、転職をすればするほど尻が軽いとみられますが、料理の世界は全く違います。履歴書を見るとだいたいその人の腕が分かる。

料理学校を出て、日本のレストランでしばらく働いて、必ずフランスかどこかに行って、ミシュランで星を取ったようなところを転々とする。賄いが出るから、薄給でもなんとか食いつないでいけます。

腹を減らしてひもじい思いをして、藁《わら》小屋の納屋みたいなところに寝ながら頑張っていたやつが、日本に帰ってきて、やっぱりいい料理をつくるんですよね。履歴書の途中に日本のチェーン店名とかが書いてあると、ちょっとこいつは大丈夫かなと、少し心配になります。


創意工夫ができるようになるためには、創意工夫ができる環境に自ら身を投じなければいけません。そして、トップも、いろいろな機会を与えて、創意工夫を一緒にしようよと、声をかけないとダメだと思うんですよ。もしくは創意工夫マインドを持った人間をチームのリーダーに据えて、チーム全体のレベルアップを目指すとかね。

一人いいシェフがいると、それが起爆剤になって、店全体が爆発するぐらいよくなることがあります。同じ素材を使って、同じ料理をつくってもシェフによって味が全然違うのですから。

1店舗に30人ぐらいの従業員がいて、新商品を短期間で出していく。売れなければ商品を下げても構わない。実践の中で創意工夫を積み重ねられる、こんなに訓練できる環境は、「俺の」の店以外ありえないと思っています。

クレームは宝

坂本　「俺の」シリーズのレストランでは、なるべく現場へ権限を移譲するように考えていて、クレームに対応するときにも、店舗に大きな裁量を与えています。

小さな過ちは気づいたときに直せばよくなるに決まっている。そういう意味で、クレームは財産です。お小言とみないで、自分の会社の改善のきっかけが、その中にあると思えばいい。

お客さまからのクレームにも、社員からのいろいろな苦情や愚痴にも、その中に必ず真実があるのではないかなと思います。

お店でのお客さまからのクレームについては、苦情カードを書いてもらって、役員会で精査して……というような仕組みは一切つくっていません。店長に権限を持たせて、なるべくその場で解決するようにしています。

クレームは、解決することができるかどうか分からなくても、解決する方向に全力を尽くして、相手に接することが大切です。そして常に相手の声に耳を傾け続けているという姿勢を示すことが、会社の価値につながるのだと思います。

そう考えると、お客さまからのクレームなり、社員からの愚痴なりは、宝の山に見えてくるでしょう。

とはいえ、お客さまからのクレームは耳が痛いものでもあります。

一番大切なのは、クレームがあったときに、クレームを引き起こした社員を、会社が絶対にお客さまから守るということですね。お客さまから「上を出せ」とか「辞めさせろ」とか言われても、会社が断固としてその社員を守ってあげる。仲間を守ることが大切です。

その安心感と会社に対する信頼によって、また一層社員はのびのびと自分を発揮することができるようになるのです。

第六章

福井康夫の独白

役割を決め、人材を活性化させる

私の目から見ると、ブックオフのときは、新卒で入社された社員さんも多かったですし、どちらかというと素直で、「右向け右」というような雰囲気もあったように思います。

一方「俺の株式会社」の従業員の方は、ギラギラとした野武士のような人が集まっているような雰囲気を感じます。

企業によって社風は異なります。

また、企業は大きくなるにつれ、変化をしていくものです。そのなか

――でどうやって経営者は組織をまとめ、率いていけばよいのでしょうか。

人を支えることで自らも幸せになる

坂本　シェフは、技術屋で職人です。自分の技術一つでどこにでも渡っていくことができますし、常に技術を磨き続けています。プライドも高い。だけれども、誰しも一匹狼では生きていけません。「俺の」シリーズのレストランは企業ですから、チームワークを必要とされます。

確かにシェフは職人なのですが、同時に人として優れていなければ、いいシェフにはなれないということに私は気が付きました。

シェフは「習うより盗め」という世界です。小突かれたり、後ろから蹴られたりしながら、それでも上の人に気に入られて、先輩からこっそり少しずつ、レシピを教えてもらうんですよね。人間的な魅力がないと務まりません。

というのも、シェフは、人に自分のレシピを教えると、自分の存在感が薄れるから、絶対に教えない。ソースのレシピなんて門外不出です。そういう場所だから、人間性が優れていて、かわいがられる人じゃないと、上から教えてもらうことができないんですよね。

人柄がいいシェフというのは、自分一人のことだけを考えるのではなくて、みんなと一緒に、支えながら仕事をすることで、自分の人生が輝く、幸福感が増すと考えています。いい意味で計算ができる人なんだと思います。

そういう人たちを見てきましたので、私は、一芸に秀でる者は、なんにでも秀でると信じるようになりました。いいシェフは人間性も優れているのです。

初めは、シェフは技術を持った一匹狼ばかりだから、みんないろいろな方向を向いてしまって、ひと悶着あるんじゃないかと心配していたんですが、意外や意外、みんないい人たちでした（笑）。

私たち「俺の株式会社」には、マニュアルも、統一されたレシピも存在していません。シェフが自由に考え、オリジナリティを出すように仕向けています。そして、そういう形が向いていたようです。

「俺のフレンチ」の1号店を立ち上げた能勢和秀さんは、シェ・松尾で総料理長の経験もある非常に優秀なシェフでしたが、うちの会社はシェフにすべて裁量を与えているので、雇われ店長になったという感覚がありません。経営のリスクは負わないままで、料理の裁量を与えられたということは、シェフにとっては自分の創造性を最大限に発揮できる環境なのではないかと思います。

逆にブックオフは、マニュアルをきっちり整備して、仕事をなるべく単純にして、働けば自然に結果が出るようにしていました。店長が10日間いなくても、店が十分に回るぐらいマニュアルを単純にしていました。

それが逆に、社員の伸びしろをなくしてしまったのではないかとも思います。業界1位で、他社の追随も許しませんでしたので、危機感が芽生えるのが遅かった。日本一の地位にあぐらをかいてしまっていたことは反省ですね。

今「俺の株式会社」のトップシェフたちは、国内のことだけではなくて、海外への展開も見据えて話をしています。海外とのコラボレーションも、幾つか進行中です。

世界でナンバーワンの存在になることを、私たちは目指しているのです。

石垣づくりには小さな石こそ重要だ

福井　今メディアフラッグには、新卒の社員が30％ぐらいいます。若い社員でも実力があれば抜擢人事をすることもあるのですが、期待に応えて成長してくれる子もいれば、そうでない子もいて、悩ましいところです。

また、抜擢した社員でも、若くして昇進したことで、少し謙虚さが失われるといったこともありました。理念がしっかりと浸透していないのが原因とは重々承知しているのですが……。

坂本　自分より優れた社員が大勢いるのがいい会社でしょ？　自分が接していて、こいつは将来、自分を追い越していきそうだなという人は、早く自分を追い越せよ、という期待を込めてどんどん抜擢すればいいのです。

他の人に何を言われても構いません。その人が、社長を超えるであろうということは、ほかの人も薄々感じているはずですからね。

そういうのは常識にとらわれる必要はありません。1年に3回昇給があったっていいんじゃないでしょうか。年功序列で、入社して、何年たったら給料が上がるというのはおかしいんじゃないかと私は常々思っています。

それで、もし抜擢した人が、あなたの期待に応えて成長しなかったとしたら、それは社長の愛情が疑われているんです。足りないだけなんです。仲良く酒を飲みに行って、期待し続けること。長い目で見守ってあげること。言葉をかけてあげることが大切なんです。

これこそね、あきらめちゃいけないですよ。

抜擢して謙虚さが失われてしまうこともよくありますけど、そういうのは放っておきゃいいじゃないですか。

だって、自分の胸に手を当てて考えてごらんなさいよ。自分だって天狗になって謙虚さがなくなったってこと、あるんじゃないですか？　あるでしょ？（笑）

福井　あります（笑）。

坂本　でもそれは一種のはしかみたいなものです。そんなところでその人を責めて、成長を阻害するのは本当にもったいない。放っておいて、放し飼いをしながら、社長自身が担当者となって、奢《おご》ってしまっている彼・彼女の話を聞いてあげましょうよ。

中小企業は、とにかく話を聞くこと。話を聞くだけで立派な経営ができるんです。社長が他人に上等なことを言って、自分自身が全然できていない、なんてことはよくありますからね。偉そうなことを言ったあとは、私も家に帰ってから反省しますけどね。あのときなんであいつは怒ったんだろうか。もしかして、私が話を聞いてあげなかったからじゃないか、とかね。いまだに。

まぁ、私も74歳にしてまだ成長しているという証拠なんでしょうけど（笑）。

福井　成長が遅いけど、人柄がいい人というのも、少なからず存在しています。そういった人たちをどのように会社で生かしていけばいいと思いますか？

坂本　頭がよくて器用で、組織でうまく立ち回ることができる人がいれば、その陰に隠れてしまうような、そんなに頭の回転はよくなくて不器用だけど、人がいいやつっていうのも、いるんですよね。

これは、石垣の中の、大きな石と小さな石の役割の違いです。石垣をつくるためには、大きな石だけではできなくて、小さな石もきちんとその役割を担っています。石垣をつくるには小さな石って意外と大切なんですよ。


スターには、それを支えてくれる踏み台が必要です。踏み台だからいけないなんてことはない。大きな石、小さな石、それぞれに役割がある。世の中全部が優秀だったら逆に困りますよ。適材適所。はたからみたら縁の下の力持ち。目立たない場所の目立たない仕事でも、必要なものは必ずあります。大きな石ができない役割を担ってくださいってね。

例えば、前日大酒を飲んだりしても翌日は必ず遅刻せず、電子時計みたいに毎日正確な時間に会社に来る人とかね。人が嫌がる仕事をきちんとすることができる人とか。そういう人は、それだけで十分会社にとっては価値がある。そういう人をきちんと観察しておいて認めてあげる。折に触れ、みんなの前で褒めてあげる。大きな声でね。

企業の中にはいくらでも小さな石がありますよ。そういう人こそ大切にしなきゃ。だけど叱るときは、こっそりとね。小さな声で叱らなきゃダメですよ。

「番頭」と「右腕」

福井　「降格」をすべきか、否かということも、悩ましい問題です。

以前、坂本さんに相談させていただいて、その通りにしたことが一つあります。それは古株の社員で、一時は執行役員にまでなったある人のことです。会社が厳しいときにも、私を信じてずっと辞めずにいてくれた社員なのですが、下からの評価も、周りからの評価も難しいものでした。この場合、地位をどうしたらいいですか、と坂本さんに相談させていただいたら、きちんと本人と話をして、元の地位へ戻すべきだと、ご指導をいただきました。その通りにして、今も本当によく頑張ってくれています。

坂本　経営は、番頭の良し悪しで決まりますから、そういう人も大事にしなきゃいけません。会社には番頭と右腕がいて、右腕は社長である自分より優れている人。黒田官兵衛みたいにね。

一方の番頭さんは自分より優れている必要はない。社長が何を考えているかは全部分かっていて、白を黒と言ったら、それに同調して黒と言ってくれる人。ただし、この人は絶対に社長は超えられない。

番頭というのは、社長の思い通りに動いてくれて、なおかつ本人も人生をこの会社に懸けたいって思っている人です。こういう人を見つけるのは、なかなか難しいんです。だから、そういう番頭さんは大切にし続けなきゃいけないんです。

番頭はパッとしていなくてもいいんですよ。創業当時に頑張ってくれた人も、時がたてば時代に合わなくなってくることがあるでしょう。ですけど、その人たちの苦労には精一杯、報いてあげた方がいい。会社の経営戦略はほかの人間が立てたとしても、やはり番頭として創業時代に社長を支えた人に対して、会社はそういうねぎらいをするべきです。

別に番頭を役員から降格させる必要もないのです。例えば、その番頭さんを副社長に据えたのであれば、他にできる人を連れてきて副社長2人態勢にすればいい。所詮中小企業なのですから、そうやって人を大切にすることで、この会社に命を懸けようという人が出てくるんだと思います。

うちでいうと番頭は橋本健太郎で、右腕は安田道男さんですね。

健太郎は、新卒でブックオフに入社して、十何年も一緒にいる現場のトップです。ブックオフ時代から外食部門があったので、そこからずっと飲食の仕事をしています。私がブックオフを辞任したらついてきて、バリュークリエイトに入社しました。

彼は私を補完するように、現場に繰り返し理念を伝え続けてくれていて、彼の言葉の浸透力が現場を支えてくれていると思います。いいシェフが、理念に心から同意してくれているのも、健太郎の存在があったからだと思います。

健太郎に「これまでの10年で、会社辞めていいよって、4回ぐらい言ったよね？」って聞いたら、「いや、もう10回は辞めてくれって言われていますよ」だって。1年に1回は「辞めてくれ」って言っているみたいですね。それで辞める気もないようですしね（笑）。

健太郎は7店舗目にあたる、ジャズライブレストランとしては1店舗目の「俺のフレンチTable Taku」の立ち上げをして、俺のイタリアンJAZZの支配人を務めました。2013年10月からは「俺の」シリーズのレストランでは最大規模の「俺のフレンチ・イタリアンAOYAMA」の支配人を務めています。

かたや右腕の安田さんは、私に厳しいこともバンバン言う（笑）。入社してからは彼にも理念が浸透したからか、ずいぶん考え方が柔らかくなりましたけど。

福井　そういえば、メディアフラッグには一度業績が落ち込んだときに会社を出てしまって、その後出戻りをしてきた役員がいるんです。坂本さんは、彼は私の右腕で、将来のメディアフラッグにとっては必要不可欠な人材だから、一緒に頑張れと私の背中を押してくれました。そして、私を立ててやってくれよ、と酒を飲みながら彼を説得してくれたんです。彼が戻ってきてから、また一つ会社が大きくなった気がします。

うちも確かにそういう態勢ができるようになってから、いろいろなことがうまく回るようになってきました。

自ら結果にコミットメントをさせる

福井　人事考課についても坂本さんにご指導いただきました。

普通の会社だと1年に1回昇級なり昇格なりがあったりするわけですが、「福井君のところはどうやってるの？」と聞かれて、いや1年に1回こういう感じですと言ったら、そんなのダメだよと。3カ月に1回やりなさいと言われて、それからは3カ月に1回にしています。

昇給昇格についての話し合いもそうなんですが、3カ月に1回、上長とメンバーが会話をするというのが大事だなと感じています。

坂本　そう、そうなんです。会社の中でのコミュニケーションというのは、あなたがどうやれば成長するのか、ということを話し合うことです。人事考課を見ながら、叱るんじゃなくて、どうやったら伸びるのかっていうことを本人に言わせるということが肝心でしょうね。それは幾つかの会話の中で。最後に、最終的に、本人に「私はやります」って言わせなきゃいけないんです。

責任というものは、約束に関する結果の責任と、ルール遵守の責任の2つに分類することができます。

ルール遵守の責任とは「規則は守るべき」というものです。ルールを守るという責任を果たさなければ「こういう規則があるんだけど、あなたの行動は規則違反だよね」と指摘をします。でも本人が何もコミットメントしていないわけですから、守らなくてもしかたないことですよね。そういうときは「こうしなさい」と2回ぐらい言って、それでも守ってくれないようだったら、さらに10回ぐらい口を酸っぱくして言い続けるしかありません。

人を育てるという観点から言えば、そういうルール遵守の責任を問うよりも、約束に関する結果の責任を問うた方がよいでしょう。

どうすればその人が今よりもよくなるのかを話し合い、こちらから「じゃあ、あなたはこれならできるよね」と伝えて、「ではやります」と言ってもらって、2人で握手をして、乾杯するんです。それでうまくいったら、昇進させてあげる。常に約束する、コミットメントすることが大切です。

もしも、その約束を果たせなかったときは、これに関してだけは、人前で、烈火のごとく怒っても構わないと思います。

第七章

福井康夫の独白

企業が一気に大きくなるとき

ブックオフは1991年に創業し、フランチャイズで店舗数を加速度的に増やしていきました。坂本社長が在任された時点で、最終的には1000店舗ほどの規模に急拡大しています。

しかし、急拡大に伴い、会社の中に歪みのようなものが発生してしまうようにも思います。企業が急に大きくなるとき、私たちはどのようなことに気を付ければよいのでしょうか?

「語り部」の重要性

坂本　組織に仕組みができていないと、30人ぐらいになったときに、狂いが生じてきますね。でも、歪みがないと会社というのは伸びません。そしてその歪みは、社員数が100人ぐらいになると、必ず消えてなくなるんですよ。

100人ぐらいまで増えたときに、今度は何が一番の問題になるのかというと、理念が希釈化するということです。仕事を一生懸命やっているんだから、なんで理念なんかに従わなければならないんだ、と言い出す社員が徐々に出てきます。

そのときに必要になってくるのが「語り部」の存在です。

私は会社が100人以上になるときは、10人に1人の語り部がいなければならないと考えています。この語り部が、現場の中で理念について語り続ける。店長会議でも、パート・アルバイトの集まりでも。これがきちんとしていて、理念の希釈がなければ、会社の歪みはなくなります。

語り部は、勤続年数が長く、苦楽を共にしてきた人がいいでしょう。資金繰りが厳しいとき、人が辞めてしまったとき、会社になんらかの大きなトラブルがあったとき、その壁を一緒に乗り越えてきた人ほど、理念を深く共有することができるのです。

職位や階級によらず、勤続年数の長さがポイントです。一心同体になって、この会社をどうするかに懸けてきた人たちです。

ベンチャー企業で働くということは、ザイルで腰を結び付けて、どこかの高い山の稜線を歩いているようなもので、一人が落っこちそうになったら、ほかの人が反対側にわざと落ちて、バランスをとってお互いを支え合わなければなりません。この命の結集している関係は、理念の共有が本当に深くなくては成立できません。

創業当時は仕事が順調にいくわけがありませんからね。危機を乗り越えたときに、理念があったから、われわれは乗り切れたんだと。そういう経験を共有しているからこそ、説得力が半端ではないのです。その中には女性社員も多いですね。彼女たちは社長にとって味方にいるうちはいいですけど、敵に回すと怖いですよ（笑）。

私の秘書を務める執行役員の岩崎菜乙美は京セラの出身で、ブックオフに転職をしてきました。1998年から私の部下で、社内、社外とのいろいろなコミュニケーションをフォローするのが役割です。京セラフィロソフィは私なんかより詳しいんじゃないかって言っていますからね。怖いですよね（笑）。

300人までは、組織図はいらない

坂本　私は、従業員が300人になるまでは、会社に組織図は必要ないと考えています。組織図がない会社というのが一番いい。ただ、もしも株式公開を目指すのであれば、その段階では組織図は必要になりますけれどもね。そんなものを準備するより、阿吽《あうん》の呼吸で、飲み会の幹事をやるような気持ちで会社を経営したい。

民間の組織が、縄張りを決めて、私はここからここしか仕事をしません、ここから先は他の部署の領域ですとか、お役所的なことをやりだしたら、おしまいです。従業員数が300人から1000人くらいが過渡期でしょうね。

1000人になったら、さすがに人事部が必要かとは思います。でも私自身は、これまでずっと人事部を持たない会社にいたんですよ。

採用や教育は、直接現場がやることにしていました。本部に人事部があるのではなくて、現場の人たちが採用をすればいいんじゃないかと。

店舗開発部もつくっていません。物件の取得は経営者の判断事項だと考えているので。たかだか従業員数が300人の時点で、経営学の教科書に書いてあるような変な組織論だとかを当てはめてしまうと、300人以上の会社にはなれなくなってしまうのではないかと思いますね。もっといびつで、自由闊達で、縛りがなくて……。だけれども労働法だけは守る、くらいでいいと思うんですよ。

福井　創業したばかりの会社は、常に会社の内部が変わり続けるというイメージがありますよね。株式を上場するにあたって、証券会社に言われて無理やり社内組織を決めたけれども、気づいたら全然違う組織になっていた、という話もよく耳にします。でも変わり続けるぐらいの方が会社としての活気はあるのでしょうね。そんな混沌とした渦の中から創意工夫が生まれるのかもしれませんね。

企業の自浄作用

福井　「俺の株式会社」では、社員の中で理念がしっかりと共有されているので、あまり方向性が違う方は入社してこないのではないかとは思うのですが、ときたまそういう人が紛れ込んでくることもあります。

私は、そういう人を見ると、せっかくよい機会があるのにもったいないな、仲間と仕事をする喜びに気づかせてあげたいなと思うんですが、坂本さんにもそういうご経験はありますでしょうか？

坂本　そういうこともありますけれども、あまり気にしていません。「悪貨は良貨を駆逐する」という言葉がありますが、逆に「良貨も悪貨を駆逐する」んです。

10人社員がいて、そのうち1人が、全然違う方向性で仕事に向き合っていたとしても、きちんと理念さえ浸透させることができれば、その人も早目に集団に溶け込むことができるようになると思います。朱に交われば赤くなる。もしくはそこから自然に離れていく。

人間の体の自浄作用みたいなもので、これが成熟していない企業の一番の特徴です。もしもその企業が成熟して、大企業病みたいなものが出てくると、どんな考え方の人間でも存在を許されてしまいます。

企業が成長する過程においては、さまざまな人や会社や物事に出会います。そのときに、本当にいいものは飲み込んでいって、悪いものは体内から排除してしまうという自浄作用が、生き残るためには必須です。

これが企業が成長していく過程における真骨頂みたいなものなんですよね。節目節目、共通認識や一体感が生まれてくる一方で、逆に脱落する人も出るでしょう。でも、最終的には理念の旗の下にすべてが集約されていくように思います。

社員の力の総和が企業の力です。そして会社が成長し、人が成長する過程で自浄作用が生まれ、ますます会社は成長します。ですから、会社の業績が右肩下がりのときには自浄作用も働きませんし、人材は育たないような気がするんですよね。

企業は成長を続けなければならないという宿命を負っていて、そうなったときに、すごいことが起こるんですよね。

福井　事業は成長したほうが、社員にもたくさんの夢を与えられるし、コストをかけることもできるようになります。分かりやすく、やりがいにつながりますよね。

今経営再建の支援をしている十勝たちばなという和菓子屋は、これまでずっと右肩下がりだった会社なんです。社員は会社が好きだから辞めはしないけれども、みんな将来に夢が描けなくて、長時間だらだらと仕事をするのが当たり前という状況でした。社員が何もしゃべらないんですね。意見を言ってもどうせ変わらない、みたいな空気で。右肩下がりの組織の元気のなさっていうのが当初は本当に伝わってきました。そうすると、餡子《あんこ》も元気がなくなってきます（笑）。餡子は手作りの工程を挟むので、心がこもっていないと味が悪くなるんですね。

ふだん坂本さんからご指導をいただいているように、まずは理念浸透を図ろうと、「お客さまに喜んでいただく幸せ」というのを経営理念にしてやっています。そこからだんだん変わってきて、味のクレームも接客のクレームも減ってきている、という感じです。

坂本　まさか福井さんからおまんじゅうの話を聞かされることになるとは（笑）。

長期計画は立てない

福井　坂本社長は、ブックオフや、「俺の」シリーズのレストランを立ち上げたときに、目標や設計図を掲げていらっしゃったのでしょうか？　それと、事業を続けていくと、この分野は撤退したほうがいいなどの判断に迫られることもあると思うのですが、そういった場合、どのようにご判断されているのでしょうか？

坂本　創業のときは、正直その先がどうなるかなんて全く分かりませんからね。大きなビジョンと短期戦略だけを用意すればよいと思うのです。逆に細かい計画は準備しない方が、計画に左右されず状況に応じた適切な判断ができます。

ですから、創業もしていないのに、2、3年ぐらいの計画を立てないと銀行がお金を貸してくれないというのはちょっと困った話です。そんな先の話、社長の自分だって分からないんだから。

ただ、世界一になろうとか、将来こういうことを目指そうよといった大きな夢は、掲げた方がいいと思いますけどね。

撤退については、私のやり方は稲盛塾長とはちょっと違っているんですよね。稲盛哲学では「成功するまであきらめない」というものがありましたが、私は事業の撤退も幾つか経験しています。傷が浅いうちに、早目に撤退の決断をするというのは、極端で相反する経営のセオリーなのだと思います。どちらが正しいのかは分かりません。

ただ、確かなことは、マーケットに対する自分の戦略が間違っていたことに気づいたときには早々に撤退すべきということです。

一番困るのは立地を間違えたときです。今でも飲食、小売業では、出店するならスターバックスとセブン-イレブンの間にというぐらいの定石があり、その立地を間違えたときには、必要以上に苦労することになります。

成功するまであきらめるなといっても、そもそも不利な土壌でぶつかっても、意味がない。業態についても同じことで、競合となる店がたくさんあって、こんなことをやったって、和民には勝てないよって思ったら、それが致命傷になる前に、その市場からすぐ撤退しなければなりません。

企業は、そのマーケットの中で、完全にナンバーワンにならなければ生き残ることはできません。ビジネスにおいて特別なオンリーワンなどと言っても、誰だって当然そうなんだし、競争がない世界の慰めの言葉だと私は思います。

第八章 IPO（株式公開）の意味

福井康夫の独白

坂本社長は、常々ベンチャー企業は上場を目指すべきとおっしゃっていますね。ご自身も、ブックオフを2004年3月には東証二部に上場させ、2005年3月には、東証一部に指定変えを果たしました。

また、今も「俺の株式会社」は上場を目指していると聞きます。

私自身も、もともと上場をしたいという志向があり、坂本さんの後押しもあって、メディアフラッグを2012年4月に東京証券取引所マザーズ市場に上場しました。

ベンチャーはなぜ上場を目指すべきなのでしょうか？

従業員のステイタスを上げるには上場しかなかった

坂本　従業員の誇りを守りたい。そんな思いからブックオフでは上場を目指しました。入社してきた社員も、本当だったら大手新刊書店に勤めたいと考えている人が少なくありませんでした。ですが、故あって古本屋に就職せざるを得なかった。学校で成績が悪い人とか、仕事を転々とせざるを得なかった人たちのたまり場といってもいいでしょう。これは創業したばかりの会社にとっては仕方がないことです。

それでも、その中の何人かが、この会社に命を懸けたいと思うようになりました。彼らは、古本屋という仕事を世間に認めさせたいと言います。一番認めてもらいたいのは両親や友達でしょう。

「え？——大学出てまで古本屋に就職したの？」とみんなから言われ続けていたわけですから。

もう一方で、ブックオフのビジネスモデルは、出版業界からは「再販制度の中に咲いた徒花《あだばな》だ」などと言われ、非難の対象でした。著作権料を支払わずに書籍を販売するブックオフは、出版関係者からしてみれば「書籍文化を壊すような会社」に思えるわけです。

世間的にはそんな状況でしたが、一生懸命汗をかいている社員には幸せになってもらいたい。それが私の願いであり、彼らのステイタスを上げるためには、上場しかないと考えました。

古本屋という仕事には、何の制限もないのが特徴です。自由に仕入れて、自由な価格で古書を販売することができます。他の事業のように、参入に規制があるわけではありませんし、新刊の書籍の値段が再販制度で固定化されているところにあって、古本であれば自由に価格をつけることができます。

それがこの会社の得意芸でした。そしてお客さまもある程度そのビジネスを支持してくださいました。

ブックオフはたまたま古本屋という業態でしたが、上場会社になることができました。これは社会の公器になって、世の中から認めていただいたということだと私は思っています。

古本屋の社員が名誉を取り戻し、自分の会社に誇りを持ってもらうというのが、ブックオフ上場の大きな目的でした。初めは東証二部への上場だったのですが、やはり一流企業の仲間入りをするために、東証一部への指定替えを目標とし、それを果たすことができたのです。

ただ、実をいうとブックオフのときに公開したのがよかったのかどうかは、正直今もってしても分からないのです。

上場をすると社会の公器になります。ですからコンプライアンスや適時資料の公開だとか、内部統制だとか、幾つかやらなければならないことが出てきます。そうすると、会社としてもお行儀よくしなければならなくなってしまいます。

それに、ただただ一生懸命仕事に没入していたいだけなのに、上場をすると結局のところ、社員の幸福より機関投資家の利益を重視しないと、決算報告書上まずいということになってしまいます。株主総会で株主からさまざまな質問を浴びたり、四半期ごとの決算報告会で、機関投資家からの厳しいことばに耐えたりしなければなりません。

私の一番の失敗は、ブックオフを辞めたときに、あの会社の株を全部売ってしまったことでした。週刊誌が報じたスキャンダルがきっかけで会社を去ることになりましたが、あのとき自分はブックオフの株なんかに頼らないでも生きていけるというような思いで、縁を断ち切るように売ってしまった。

でも、本当だったら、配当があろうがなかろうが、創業者は少なくとも10％は株を持ち続けて、物言う株主として、自分が育てた会社にいろいろとアドバイスをしていく必要があったのだと思います。何がどうあったって、創業者は一番会社に愛情を持っているんですから。これは僕の人生において、最大の後悔だと思っています。

1店舗目を出店したときに上場を決意

坂本　現在、「俺の株式会社」も上場を目標にしています。これは、最初の1店舗を始めたときに、目指すべきだと即断したのです。

有名な料理学校を卒業して、飲食業界に入った若い料理人のうち、30歳まで業界に残っているのは10人に1人です。それしか残っていないから、料理学校の同窓会を開こうと思っても、人が集まらなくて開くことができない。

そんなに飲食業界というのは魅力がない世界なんだろうか。この料理人たちを、本当に輝かせることはできないのだろうか、と考え、その結果やはり上場を目指すべきだろうと心に誓ったのです。

今まで客単価3万円以下の料理をつくったことがないというようなシェフたちが、覚悟を決めて客単価3000円の立ち飲みの世界に飛び込んでくれた。その覚悟に応えるためにも、だからこそ、できるだけ多くの社員が株を持てるように配慮しています。

今の時点で、ストックオプションを入れて発行した株式のうち3分の1は社員に持たせるようにしています。そのうちほとんどは、私が所有していた株を負担なしで社員に譲渡したものです。こうしておけば、上場したときに都内に新築のマンションぐらいは買えますからね。社員の財産を形成するためのお役に立てるのではないかと思います。

ただそうすると、逆にみんな燃えすぎてしまって、今度は働きすぎるのが少し問題ですね（笑）。働かせすぎじゃなくて、働きすぎちゃうんです。

会社はある種仲間と一緒につくる作品のようなものです。

「創業時代は苦労したけど、いい会社をつくることができたね」と何年後かにみんなで言い合えることを目指したいと思っています。

福井　メディアフラッグも2012年にマザーズに上場しました。これは、もちろん資金調達の意味もありますが、会社が大きくなるためのきっかけをいただいたものだと思っています。あくまで通過点の一つに過ぎないと考えています。

とはいえ上場したことには変わりがありません。上場の際には特に古くからいる社員は本当に喜んでくれました。社内の一体感も一段と増したように思います。

上場する前から、あくまでも上場は通過点の一つに過ぎないと繰り返し社員には話していたこともあってか、マネージャー以上は上場したあと1人も辞めていないんですよね。それは非常によかったと思っています。

マザーズあたりだと、上場がゴールみたいに思っていて、そのあと失速してしまう残念な会社も少なくありませんよね。私たちは上場して調達した資金を元に、事業再生という事業を立ち上げました。こういうチャンスは、IPO（株式公開）をしていなければ得られなかったと思います。

坂本　上場したあと、10年間健全な会社でいるということが、一流の企業の証拠だと思います。

古本屋と飲食店という、全く違う業種で人生において2度上場を実現した人というのは、今のところ見当たらないそうです。さらに、前の会社で培った人脈や資金などのインフラもほとんど使わずに上場を目指しています。

私には、どんな場所にいっても、1年あれば50人ぐらいの人脈をつくることができるという変な自信があるんですよ。一杯飲みながら、人脈ができてしまう。胃とか肝臓が人より強いからね（笑）。

現役であり続けることと引き際

坂本　60歳を過ぎたころから、3年おきにリタイアしようかと考えるようになりました。ハワイにコンドミニアムでも買って、酒と薔薇の日々でも送ろうかと。

でも、ブックオフを退任して、本当にリタイアしようかと思ったときに、師匠である盛和塾の稲盛和夫塾長が、業績の悪化したＪＡＬの社長に就いて、3年で再建すると豪語したんですよね。稲盛塾長は、自分より8歳も年上です。8歳も年上の人が、そういうことをやっているときに、自分はハワイで遊んでいていいんだろうか？

塾長にまたどやされるんじゃないかという恐怖感がよぎった（笑）。

ブックオフ時代、週刊文春に叩かれた私の記事に関して、塾長に対して、お詫びを先に申し上げなかったために、叱られた経験があるのです。もう壁際に追いつめられるくらいの思いでした。その光景がフラッシュバックしたわけですね。

そこで「俺の株式会社」を立ち上げて、ここまできてしまった。こうなるとやはり生涯現役を宣言せざるを得ませんよね。

ただ、自分の引退ということについても考えます。引き際も大切です。

「俺の株式会社」に入社してくれる料理学校の卒業生たちを10名ぐらいずつ集めて、食事をする機会があるんです。料理学校の卒業生は未成年ですから、僕だけ飲んでいるんですけどね。

それで、10人が坂本の話を聞いて、面白いぞ、人生変わったぞ、と楽しんでくれているうちは現役でいられると思うんです。それが、途中で時計を見て、そろそろ帰ってもいいですか、というような人が現れたら、それはまさにもう引退の時期かなと思っています。

第三部

経営者の資質

第九章 福井康夫の独白

リスクを取り、渦の中心になれ

社長になるまでにはいろいろな背景があります。いつの間にか、流れに乗って社長になってしまった人。家業を継いだ人、強い意志をもって社長を目指した人、なんとなくやっている人……。

私は起業してからも、自分なんか社長には向いていないんじゃないか、と思いながら、なるべくリスクを減らすように努力をしていました。はたから見ていたら、なんて危ないことをやっているんだ、という綱渡り状態であったと思います。

大きな目標も掲げないで、「せっかく起業したのだから上場するような会社をつくりたいな」くらいしか考えていませんでした。あとから思い出すと、本当に志の低い社長でした。それが原因で、人がついてこなくて本当に苦労した時期もあります。

いったいどのような人が「社長」に向いているのでしょうか？

人はどのように考えることで「社長になる」ことができるのでしょうか？

リスクをいかに背負うか

坂本　社長だろうが、会社の役員だろうが、課長だろうが、みんな同じことで、何か特殊な能力が必要だとは私は全く思っていないのですよね。やはり、その刹那刹那によって、いろいろ困難が押し寄せてくるので、それを一つ一つ越えていって初めてその人の人間力が高まってくるものです。

最初は全部イーブンで、同じスタートだと思いますよ。

社長に向いているかどうかは、リスクを取れるかどうかにかかっています。ですから、最後まで頑張って、夢を多く持って、できるだけ多くの人を幸せにしようと思った人が社長として成功するのです。

そうではなくて、人に迷惑をかけないでやろうと真面目に一生懸命に仕事をすれば、ある程度までの役職に就けると思います。でも、ビジネスマンとしては大成すると思いますが、みんなを幸せにするっていうのが社長業なので、そこまでは行けないのではないでしょうか。

福井さんみたいに、優秀な成績で学校を卒業されて、新卒で銀行に入行して、そのあとセブン‐イレブン・ジャパンで優秀な実績を収められていた。そういう将来を嘱望されていた人が独立開業するということは、それはもう、ものすごくリスキーなことです。振り返ると大変な怖さがあったでしょうね。

起業すると、まず自分の人生がどうなるか分からないし、結婚するときに「絶対幸せにしてやる」と言った嫁さんにも、家族にもリスクを背負わせることになります。

もし会社が失敗したら、私は、家庭は一体どうなるのだろう、なんて考え出したら、そのリスクの恐ろしさに身震いしてしまうでしょう。

飲食業界は、もともと自分で独立開業をすることを前提にしている人が多いですよね。包丁一本で食っていく腕があるか、もしくはマネジメントで人をうまく統率していく力があるか、そのどちらかで、そのうち自分でも飲食店を経営して食っていけりゃいいと。そういうところから、這い上がっていくんですよね。

もちろん、上の方に行ける確率っていうのは、非常に少ないんですけどね。でも、リスクが大きければ大きいほど、うまくいったときのリターンは大きくなります。自分が起業したという成果が現れますから。

成功するためには、環境も大事だけれど、あとはツキ。運の巡り合わせがよかったとか、誰かに背中を押されたとか、そういうことがかなり大きく影響をしてくるのだと思いますよ。

設計図・目標を持っている人は強い

坂本　それで、何かを勢いでやる人より、それに対して精密な設計図がある人の方が間違いなく強いですよね。設計図というのは目標のことです。目標があれば志が高くなるし、自分の計画もそれだけ大きなものになります。

事業は一人だけでは絶対にできません。誰か他の人の協力を得たいと思ったときでも、目標が定まっていれば、ある程度は大きな集団をつくることができます。ですから、社長を始めた1年目で、9割の勝負が決まってしまうような気がしますね。

人徳とか、仲間とか、全部が揃わなくてもいい。考え方や理念、自分の仕事を通じて誰を喜ばせたいかとか、そういう大義をどれだけ持っているかによって、人が大勢集まってくるのです。

ラーメン屋をやってお金を儲けたいぐらいしか考えていない人は、たとえ最初はうまくいったとしても、3年間でブームが過ぎれば、それだけで終わってしまう、というようなことは非常に多いと思います。

例えば、福井さんのようなエリートが、そのビジネスマンの道からスピンアウトして起業するということは、すでにある程度の設計図と大いなる野望、目標を持っていたからできたのでしょう。

社長に向いているか向いていないかは、その「事業の構想を立ち上げる力」があるかどうかに尽きるのだと思います。

事業構想の顕在能力と潜在能力

福井　確かに、私が35歳でメディアフラッグを起業したときも、これまできめ細かい店舗店頭管理ができなかった企業や業態に、セブン‐イレブンのような強みを提供しようという構想がありました。社長としての志が低くて、一時は会社を売ろうかとまで考えた時期もありましたが……。

坂本　事業の構想力には、顕在能力と潜在能力があると思います。海中に浮かんだ氷には、外に見える部分と、海中に沈んで外からは見えない部分があるでしょう？　その、外から見える部分だけでなく、海中に沈んでいる部分も含めて「構想力」なのです。今、目の前に見えている事業に対する構想を、ほかの誰かと一緒につくり上げていくというのを、「顕在構想力」と呼びましょう。

そして、次の時代をどのようにしていくか、第二段階、第三段階をどう展開していくか、というビジョンをつくり上げていくときというのは、過去の自分の体験の奥深くにしまわれているものが浮かび上がってくるんです。

次のステージにはこういうふうにいきたいと思ったり、設計図を書くためにみんなで議論しようとするときに、過去の自分の体験というのが顕在化してくるのです。これが「潜在構想力」です。

人間がそれまでにとった行動というのは、プラスのものにせよ、マイナスのものにせよ、無駄なことは一切ありません。今は見えていなくても、より高いビジョンを掲げようとしたときに、必ず過去の経験が引き出されてくるのです。

人間というのは、体験した以外のことは、実はなかなか身につかないのですよね。一方で体験したことはどんなことでも、将来の肥やしになります。

それとね、それまでに出会った人が、どのような判断をして、どのような結果を出したかというのも、自分が何かを判断しなければならないときによみがえってきますよね。失敗談だろうが、成功談だろうが、両方とも。

何かの局面で、「ああそういえば、彼が昔こう言っていたことって、実は今私がこれからやろうとしていることなんじゃないだろうか」と、ふと思い出します。

ですから、経営者同士は失敗談でもいいから、いろいろなことをさらけ出して語り合えるような仲間がいたほうがいいですよね。

人のだろうが、自分のだろうが、成功体験、失敗体験はいずれも大切なんです。

2時間一緒にお酒を飲めるか

福井 社長にとって、人間的な魅力というものも大切だと思います。カリスマ性がある社長、人間味に溢れる社長、社員を叱責する社長、いろいろな社長のキャラクターがあります。

私は一度、人に、「社長は演技をして、社員を欺いて会社を統率すべきだ」と教えられたことがありますが、それは変だと思いました。それ以来、なるべく素でいることを大切にしています。

坂本さんは、社長の人間性についてどのようにあるべきだと思いますか？

坂本 福井さんはバカがつくほど生真面目で、やたら話は長くて回りくどいんですけど、なんだか支えてあげたいという気持ちにさせるものを持っていますよね（笑）。社長に向いているかどうかを判断するもう一つの大きな要素は、その人に、人を引き寄せる魅力があるかどうかです。

言ってしまえば、どこかの居酒屋のカウンターで、一緒に2時間お酒を飲めるかどうかってことです。これができないと、本当に人がついてきません。

特に若い女の子に嫌われたらアウトですね。一対一で、焼き鳥屋で飲んでもいいと思ってくれるかどうか。この人の話を聞いてみたいと思ってもらえるかどうか。

こういうことはね、起業塾に行っても決して教えてもらえませんよ（笑）。

起業したてのころなんて、社長とは名ばかりで何もできませんから。無力ですからね。変なカリスマ性なんて必要なくて、「こいつ、本当に一生懸命やっているから、みんなで助けてやろうよ」っていう、人間的な魅力。これですよ。

別の言い方をすれば、人に頭を下げられるかどうかっていうことですよね。

私は、そりゃもう、頭を下げることで何か問題が解決するのであれば、何百回でも頭を下げますよ。経営者は頭を下げ慣れている人が多いですよね。

でも、医者や税理士、公認会計士、いわゆる世間的に「先生」と呼ばれる人は、人に頭を下げませんよね。先生だけじゃない。画家や芸術家っていうのは、なかなか頭を下げないものです。

芸術家は死んでから名を成した人が大勢いますが、頭を下げていたら生前から売れていたかもしれませんよね。それができないから経済的に損をしているということなのだと思います。

料理人は一流の人ほど頭を下げることができます。彼らは人と接して、自分の料理の評価をお客さまからダイレクトに聞いているからです。

「おいしかったよ」と言うと、「ありがとうございます」と深々と頭を下げます。お金を払ったお客さんの方も、「今日はおいしいものを食べさせていただいて、ありがとうございました」と深々と頭を下げて帰るんですよ。

そういう気持ちにさせる料理を出すことができるレストランは、やはりミシュランの星も取りますし、腰も低いですよね。

失敗話をどんどんしよう

坂本　人間は生まれつき、相手のことを知りたいという欲求を持っているんです。あなたはどこで生まれたの？　血液型は何型なの？　どういう学校を出たの？　シェフの道をどういうふうに歩いたの……？

そして同時に、自分のことを知ってもらいたいんですよね。

相手のことを知るためには、まずは自分から、自分のことを話すことが大切です。自分の欠点や、失敗した話がどんどんできる人というのは、人を引きつける。「この人は、ここまで僕に話をしてくれた！」って、相手が心を開くんです。

誰かが後輩と酒を飲みに行くっていうと、私は「話をふくらましてもいいから、好きな人にフラれた話をしなさい」って言うんです（笑）。

こういうのは、作り話をしたって罪にはなりませんからね。涙を流してテーブルを叩くぐらいの演技をしながら話してあげると間違いありません。

自分の失敗や苦労を、酒を酌み交わしながら一対一で話せる仲になるから、仕事でも本音で言い合えるようになる。本音で話ができないうちは、しらふで一対一で話しちゃだめですね。

酒の席でもっといいのは、相手の耳元で、小さい声でこう言うんですよ。「実はね、あなただけに言うけど……俺……バカなんだよ……」って（笑）。これは本当に人と人との距離を縮めます。一番効きます。あっという間に、人に好かれるようになるから。小さい声で、ささやくように言うんですよ。

社長は信用されてナンボなので、嘘をつかないことも大切ですね。

実直で、愚直に、前に向かって走っていく。彼の言葉と行動には嘘らしいことはいささかもないという、真面目がスーツを着ているようでなければいけません。

ビジネスをしていると、最初はいい人だと思っても、よくよく付き合ってみたら、信用できないという人はごまんといます。そういう人を近づけずに、自分もそうはならないように努力をすることです。

地道な継続が新しいビジネスにつながる

福井　できるだけたくさんの人の幸せを願い続けられる人が、社長になるための条件ということですが、社長を始めても継続できない人は少なからず存在しています。

坂本　事業を継続できない人というのは、何か他にもっといいことがあるのではないだろうか？　と常に他のことが気になっていて、直面する問題に背を向けているように感じますね。

そういう人は、人間関係を見ていても、お友達がころころ変わったりしますよね。趣味も次々と変わります。私はその点、医者も寿司屋も床屋も、この人と決めたらずっとその人です。何十年の付き合いという人ばかりです。

大切なのは地道なことの継続です。石の上にも3年じゃありませんが、たぶん福井さんも同じだと思いますけど、何か一つのことを続けていくと、そこから派生してくる新しいビジネスが見えてくる。

今、隆盛を極めているビジネスも、いつかは必ず廃れていきます。時代が過ぎれば新しいビジネスに置き換わっていくというのは当然のことです。そして、一つのことを続けることで、新しい時代が見えてきます。

みなさんご存知のカメラで有名なオリンパスは、もともとはカメラの会社ではなくて、顕微鏡の会社でした。コピー機で有名なリコーは、初めはコピー機の会社じゃなくて、感光紙の製造販売の会社でした。明治ホールディングスは、お菓子の会社でしたが、途中で薬品事業を始めて、いまや営業利益の22％は医薬品が稼ぎ出しています。

富士フイルムなんて、初めはフィルムの会社だったけど、デジタルカメラがこれだけ一般的になって、アナログのフィルムカメラがなくなっちゃったら、今度は化粧品という別の「膜」を「富士フイルム」って名前で堂々と売っています。

これは、フィルムという技術を世界ナンバーワンになるまで突き詰めたから、次の仕事が見えてきたんだと思いますよ。

一つの軸を大切にしておくと、違う軸にうまくスライドしていくことができるのだと思います。

第十章

福井康夫の独白

チャンスをつかむ発想の源泉

ブックオフにしても、「俺の」シリーズのレストランにしても、坂本社長のビジネスモデルの発想には驚嘆させられるものがあります。

「俺の」シリーズのレストランは既存の飲食業界の固定観念を崩すようなビジネスモデルですし、そこでジャズやクラシックの生演奏を聴けるようにして、他店と差別化を図るという発想は、そうそう出てくるものではありません。

また、俺のフレンチではフランスのファッションブランドのユニフォームを採用したり、食品メーカーと提携して、シェフが監修したスイーツや、レトルトカレーという商品開発も行っています。常に新しいコラボレーションに取り組み、新しい価値を生み出そうとしているように見えます。

新しいビジネスをつくるためには、どのように世の中を見て、発想すればよいのでしょうか？

自分で並ぶ、自腹で買う

坂本　若い人たちと話題を一緒にするということが、経営の中では本当に役に立ちます。「俺の」シリーズのレストランは、若い料理人を育てようとしていますから、私も料理の専門学校を出たての人たちと食事にいったりする機会が多々あります。そうすると、20歳そこそこの人たちを飽きさせないように会話をしなければならないわけですね。

常に新しい話題が必要です。きゃりーぱみゅぱみゅの歌だって歌えなきゃいけないんです。ですから私は20代の男女が、今何を自分の人生の糧としていくかということを、常に探しているような気がします。

そして、今世の中がどんな空気で、どこへ向かおうとしているのか、何を欲しているのか、そういったことを含めて、広く世間のことに興味を持っています。

その答えを探すのに一番いいのが、街をひたすら歩き回るということです。

私は、1カ月に一度、街の一番大きな本屋で何時間も過ごすんです。興味のある棚をずっと見ながら店の中を歩いていると、気が付けば20冊ぐらいがカゴの中に入っています。平台ではどんな本が一番積まれているのだろうか、誰の本が売れているのだろうか。そんなことを気にしながら、本屋を歩き回っています。

書店の棚を見ていると、世の中はどういうところへ進もうとしているのかということが、分かるような気がするんですよ。最近は私が書いた『俺のイタリアン、俺のフレンチ』が、たくさん面で展開されているなぁ、とかね。ここは、まだ面で展開してくれているから、いい本屋だなぁとか（笑）。

立ち読みもよくします。あれは本当にいい制度ですよね。

昔の私は書店業界の敵扱いでしたから、立ち読みするのにもすごく苦労したんだけど、今は全然そんなことはありません（笑）。

立ち読みにもコツがあって、まずは前書きを読んで、そのあとにあとがきを読み、そのあとは後ろのほうから読んでいきます。

ケネディのスピーチだって、伊藤博文の演説だって、興味深いのは1時間あるうちの最後の3分だけですよね。本も最後の5ページにエッセンスが込められている。もしそこに面白さがなければ、その本は抜け殻みたいなものです。最後の部分が面白くなかったら読むのをやめてしまいます。

大阪に新幹線で移動するまでに本を5冊読む、なんてこともありますが、全部精読したわけではなくて、そういう読み方をしています。

食品マーケットだったら、デパ地下とスーパーマーケットに最新の情報がつまっています。行列している店には必ず自分の足で行ってみて、並んで、自腹で食べる。これが大事です。

並んでいるときには、自分の前後で並んでいる人に話を聞きます。

「この店の、何がおいしいんですか?」「どうして並んでいるんですか?」「何回目ですか?」「こういう店って他にあるんですか?」とか。

並んでいる人たちのほとんどは女性ばかりですけれど。そういう話を聞いていると、みんなしゃべりたがって寄ってくるんですよね。そして、そういうところにいるお客さんは、うちの店のお客さんと同じ客層なんです。

「丸の内で働く30代の女性。数人でお店に訪れて、肉料理をガンガン食べて、白ワインと赤ワインをボトル1本ずつで飲んで明日も仕事を頑張ろうと思う」というような……。

時々やるのが、うちのマンションの近くのコンビニに行って、お店の人に「今売れているものをカゴに入れてくれる？」ってお願いするんです。向こうも自分のお店の売上げになるから喜んでカゴ一杯に売れ筋の商品を入れてくれるんですよ。ガリガリくんの新しいバージョンとか、カップラーメンの新商品とか、訳の分からないものが一杯になる。

自分では絶対買わないなというものばかりが入っています。だいたい3000円から5000円ぐらいです。そして、それを家に持ち帰って食べてみるんです。そうすると「お、なるほどね」と、人気の理由が自分でも理解できる。

コンビニには、今売れているものの最前線が詰まっています。たかだか3000円のコストで、メーカーの知恵と技術を結集した商品をあれだけ買うことができるのは、ものすごいことですよね。

やっぱり自分の足で街を歩いて、自分の目で物を見て、ネタを集めることが大切ですね。人に何かを見てきてくれと頼んでも、やはりその人の色眼鏡で見てしまうことになりますし、それは私の眼鏡とは違うわけです。ですから私は、新しくできた店には積極的に足を運びます。

銀座にユニクロがオープンするとか、何がオープンするとか聞いたら、必ず並んでみることですよね。世の中が何を魅力に感じているのかを知っておきたいんです。

酒場の効用

坂本　情報は、質より量です。役に立つものは、全部のうちの何分の一かぐらいですので、とにかく分母を大きくしなければなりません。

例えば新聞を読むとき。私はタブレットだとかの電子機器を使って読みません。必ず紙の新聞でもって、新聞紙の下、つまり広告の方から見るんです。

そうすると、新しい書籍が出版されるとか、新発売のなんとかという商品があるとか、ある会社がフランチャイズを募集するとか、いろいろなネタが見つかります。
もちろん上の方の記事も読みますよ。小さな記事もなるべく見逃さないように。新聞の上の方に小さな企業人事の記事を見つけて、いろいろなことを推測してみる。
日経新聞の「私の履歴書」は特にガッツリ読みますね。以前、ニューヨークに行ったときに、日経新聞を買うと1日分で500円かかったのですが、情報の質や量を考えると新聞って安いなと思います。めぼしい記事があったら、切り抜いて、洋服のポケットに入れておきます。

ビジネスのネタとして、たくさんの情報を継続して集めていく一方で、私が大切にしている習慣は、何らかのニーズを持った人たちと、酒を飲みながら話すということです。

私はほろ酔いの中で新しいアイディアが出てくる体質らしいんです。昔は日本酒でしたが、今はワインです。夜の帳が下りて、ネオンがついて、一杯飲みながら……という時間帯が絶好調なのです。朝方に「何かこれをやろう」というのはないんですよね。だから、僕はいつも「居酒屋で意思決定をして、役員会は議事録を読むだけにしよう」ってバカみたいなこと言っているんですけどね、これは結構間違っていないような気がするんですよ。

そういえば「俺のイタリアン」という屋号を付けたのも居酒屋でした。

安田さんや森野さんという幹部を集めて居酒屋に行くのだけれども、森野さんはお酒があまり強くないんですね。その森野さんがうつらうつらし始めたころが、一番アイディアが湧いてくる時間帯なんです（笑）。そういう行動パターンになっているんですね。

福井　坂本さんは、初めにお会いしたときから「居酒屋で意思決定して、役員会で議事録を読む」とおっしゃっていて、メディアフラッグにもその習慣がすっかり定着しました（笑）。何かあると、とりあえず飲みに行こうみたいな感じです。

特に坂本さんに出会った２０１０年前後は、会社の幹部が入れ替わった時期で、新しいメンバーで再団結をしなければなりませんでした。そのとき必ず月に1回坂本さんがお酒の席をつくってくださって、幹部や若手相手にいろいろ教えていただきましたし、僕らも、本当にあのころはよく飲みに行っていましたね。２日に1回くらいは渋谷の道玄坂のあたりで飲んでいましたから。だけど本当に、居酒屋で盛り上がって決まったような話が、実際にビジネスとして動いていくことも、ものすごく多かったと思っています。

坂本　それだけ居酒屋にお金を落としているんだから、メディアフラッグで居酒屋を経営してもいいぐらいですよね（笑）。

不思議なことに、3回ぐらい一緒に深酒をすると、なぜだかよく分かりませんが、同じ考え方で、同じ旗の下にいるんだという妙な団結心が芽生えてきます。

初めは、創業トップが幹部や社員を集めて、自分の考え方を直接浸透させるということを徹底してやって。しばらくすると幹部が次の世代の若い人に、自分の言ったことを伝えていくようになる。そうすると「あ、一体化してきたんだな」と思うようになるんです。それを会社で日中にやったりする。その積み重ねが共通の言葉、言語を持つ会社をつくることだと思います。

脳みそを随意筋にする

坂本　それと事業のアイディアをひらめくコツというのは、脳を随意筋のようにすることにありますね。筋肉には随意筋と不随意筋という2種類があって、随意筋は手足のように自分の意志で動かせて鍛えることができるんだけど、不随意筋は心臓や胃腸のように、自分の意志だけでは動かないし、そう簡単には鍛えられないんです。だけど、脳はいつも考えていると随意筋のように活性化させることができるんです。そのためには訓練しなければならない。だから僕は何かと商売に結びつけて発想をしています。

例えば、都内である程度の規模があって売れ行き不振のこんにゃく製造会社があったら、買収してもいいよなぁと考えたりしますよね。

こんにゃくは低カロリーで、おなかにもたまるし、色を付けたり味を付けたり、いろいろバリエーションを付けることができるので、こんにゃくだけで世界を制覇できるんじゃないだろうかって。

よし、だったら「俺のこんにゃくステーキ」だって、シェフに相談したら、じゃあこんにゃく用のナイフとフォークをつくりましょうって、ノリノリになってるの（笑）。

こんにゃく業界自体、今は斜陽産業ですからね。町のスーパーマーケットに卸している、家族で製造・販売しているようなこんにゃく屋さんは大変な時代です。そのあたりに商機があるんじゃないかと思っているんですけどね。今は同時にいろいろなことはできないので、我慢をしています。

第十一章

次世代をつくるリーダーを育てろ

福井康夫の独白

最後に、リーダーのあり方ということについてお伺いします。

起業直後は、私は、志が低い社長でした。でも坂本さんや盛和塾と出会った3～4年ぐらい前から、自分の器を大きくすることで、会社も大きくしようと覚悟を決めました。

そのころから、プライベートの福井康夫と、メディアフラッグの社長としての福井康夫の夢と目標が一致してきました。不思議な感覚なのですが、そういうもののようです。坂本さん、社長にとってプライベートとはどういうものなのでしょうか？

経営者は公私渾然一体

坂本　創業社長は、公私を区別できなくなりますよね。「公私混同」ではなくて「公私渾然一体」……とでも言えばいいんでしょうか。そうでなければ、24時間仕事のことなんて考え続けられませんからね。

ものすごく大きなリスクを抱えて、それでも目標に向かってわき目も振らずにまっすぐ突き進んでいく。もうこれは正気の沙汰ではできませんよ。さらに、その正気ではない自分の妄言に、ほかの人も巻き込んで、その気にさせなければいけない。

でもね、もしかすると、自分のほかにあと2人、同じようにぶっとんでいる人を見つけられれば、新興市場で上場ぐらいはできるんじゃないかと思います。10人いれば一部上場です。

ですから、自分が熱狂的になって、その熱を周りの人に伝えていく。伝播していって、同じ方向を向く。ベクトルを合わせるということです。会社で社長が左へ舵をとれば、何人かの幹部が100パーセントの力でその方向に進むのを支えるんです。支える力が強ければ強いほど、会社はうまくいく。

でも大企業を見ていると、中には社長が向かうのとは逆の方向に、進路を変えようとしている人も現れてきます。その人は、それで自分は努力をしていると勘違いしてしまっていたりして。

でも、中小企業は人も金も全然ありませんからね。一つの方向を社長がリーダーになって示さなければならない。そしてみんなで同じ方向に向かっていかなければなりません。仕事にクレイジーな奴を、何人つくることができるか、これが一番大切なことです。実は社員はみんなそういうことをやりたいと思っているのだけれども、誰も引っ張ってくれないから、結局アフター5のことを考えちゃうんです。

福井さんのところには、正気じゃない人が、どれぐらいいますか？（笑）

改革は「よそ者・バカ者・若者」にしかできない

福井 うーん、うちは今、私以外の役員が5人いますけど、その5人と自分が一体感を持って突き進んでいけるようになってから、会社もうまくいくようになりましたね。会社にとって、もしくは世の中にとって、よいリーダーが生まれてくる背景というものに、何か条件はあるものでしょうか？

坂本　リーダーは古い体質の企業ではなく、常に新しい業種業態から出てくるものです。新しい業種だったり、あるいはこれまでの業界にとっては反逆者だったり、そういうところから、本当のリーダーが生まれてくるのではないかと思います。これまでの業界から反逆者扱いをされているから、それをバネに頑張ることができるのかもしれません。

例えば、ホテル業界を見てみると、改革を起こしているＡＰＡホテルや東横イン、スーパーホテルはもともとホテル関係の人が創業したものではないんですよね。だからやっぱり「よそ者・バカ者・若者」が、その業界を改革する先駆者になるんです。フロンティアにふさわしいリーダーはそういうところから出てくる。古きを守り続けているのはリーダーではない。

逆に、世の中で全く変化がなく、革新がないのが先のホテルとデパート業界ではないかと思います。コンビニエンスストアをつくったのは、当時、新興勢力であったスーパーマーケット企業でした。でもデパートはそういった革新をすることができません。

経団連など業界団体の代表には、これまで繊維業界や鉄鋼業だとかの、昔からの業界からしかなれませんでしたね。やっと最近になって、自動車業界が代表になることができました。

日本ではまだどこの出身だとか、育ちだとかで品定めするところがあります。でも、アメリカには全然そういうのがありません。人種の隔てなく、大統領になることだってできる。日本はまだそこまでは至っていません。でも、時代をつくるのはそういう人たちなんです。

リスクを負う人材を育てる

福井　坂本さんは、私以外にもいろいろな若い起業家やベンチャー経営者を応援していらっしゃいますよね。若手の経営者についてはどのようにお考えでしょうか？

坂本　いわゆるゆとり教育世代の、若手の方とお話をしていると、競争がない世界にいるということを感じさせられます。そして、リスクを負わない人が増えていますよね。でも、リスクを負うからリターンがある。日本でも、そのリスクを追える1％の人が、その他99％の人を食わせるような時代が来ます。その1％になる人を、私たちはどんどんつくっていかなければなりません。

銀行やベンチャーキャピタルからは、融資や資金調達はできても、起業にまつわる苦労話を聞くことはできません。先輩経営者に支えてもらいながら、苦労した足取りを聞いて、会社を育てていくのが一番いいと思うんです。

世の中全部が、アントレプレナーの育成に目覚めてほしいですね。リスクをかぶる教育です。ほかの人を引っ張っていくことができる1％の人を、日本の中からどんどん生み出していかなければなりません。

それが日本の国力になります。日本の起業率は4・6％。欧米は10％近くです。日本のそれは、非常に低い水準と言えます。日本では、一度事業に失敗した人というのは、全部レッテルを張られてしまいますからね。

私が山梨から東京に出てきたのも、やはり山梨で一度事業を失敗しているので、あのあたりにいると氏素性が全部分かってしまって、色眼鏡で見られてしまうのが嫌だったというのがあります。甲府市内の繁華街の寿司屋で一杯……と思っても、お客さんの半分が知っている人だったりしましたから。

結局、政府主導では、現場で起業家を育てていくような制度は生まれないのではないかと思います。だからこれは、民間でやるべきでしょう。

起業家として成功した一部の人が、政治家になるような例をみますが、そんな場合ではないと思うんですけどね……（笑）。自分が政治家になるより、アントレプレナーを育てた方が、日本を変えるためには価値があります。

多くの若者に、起業家を尊敬したり、そういう人になりたいという願望を持たせるようでなければなりません。資金を提供する金融機関も、そのあたりのリスクを背負ってほしい。国の創業助成金だって数百万円単位の微々たるものです。これではなんの足しにもなりません。ラーメン屋を開業しようと思っても、権利金を払ったり、敷金を用意するだけで、3000万円ぐらいはあっという間に使ってしまいますからね。

まぁ、でもお金よりも、起業家としてのマインドの方が大切ですが……。

私は、1つの事業ではなくて、完全にアントレプレナーを育てる方の事業になるべきだったかもしれないと思うことがあります。でも、こんなことをやり始めちゃいましたからね（笑）。

学校を卒業したら、いきなり大企業に勤めないで、中小企業の中で5年間ぐらい丁稚奉公をするような制度があれば面白いですね。小さい会社なりの苦労もあると思いますが、リスクをはねのける力は絶対に身に付くと思います。

会社に就職するときの面接で、御社の福利厚生施設はどうなっていますか？　とか、家賃負担はどうなっていますか？　とか、そういうことを質問する人がいますが、そういう人ではなくて、その会社で、自分がどれだけ成長できるのか、ということを確認したがるような人を育てていきたいですね。

自分の会社が日本の経済をどれだけ底上げできるかだとか、大志を抱いている人こそ、われわれは育てていかなければなりません。

結果的に起業家になった1％の人のうち、さらに1％が上場を果たして、日本の経済を活性化させるのだと思います。福井さんのところでは、どれだけの人を雇用していますか？

福井　定期的にリアルショップリサーチやリアルショップサポートの仕事をしていただいているのは、４５００人ぐらいでしょうか。

坂本　福井さんがメディアフラッグを立ち上げたことで、それぐらいの雇用が生まれたのです。上場企業はさらに銀行に利子も払い、証券会社も潤わせ、税金も払っている。そういう会社で国を引っ張る人が、人口の１％いたら、すごいことになりますよね。他の国になんか負けないと思います。起業のタネはいくらでも無限にあるのですから。

おわりに

憧れの街、銀座にて　坂本孝

山梨の田舎者である私にとって、銀座は偉大なる羨望の土地でした。何しろ親父が銀座好きで、休みの日に銀座の三越の上の食堂で食事をするというのが、子供のころの最大のごちそうだったのです。デパートの屋上にはビヤガーデンがあって、ハワイアンの生演奏なんかが聞けて、人が行列をしている。そんな時代でした。

それで、銀座に出るのが飲食業界でも一流の証しだと思って、そこに拠点を構えることにしたのです。

ところがというか、当然にというべきか、実際に出店をしてみたら銀座は日本で一番の激戦地でした。銀座のお客さんというのは、味が分かっていて、その店が一流なのか二流なのかを瞬時に区別することができます。本当に怖い街だと思いました。でも、そんな厳しい場所だからこそ、銀座で勝ち上がることができれば、日本代表になれると思っています。

そうしたら、次は世界です。ニューヨークだって、ミラノだって目指すことができます。だからここ銀座で「めちゃ勝ち」したい。バカの一つ覚えみたいに銀座に出店してドミナントをつくって、とにかく銀座で勝つ。今はそうやって差別化することだけを考えています。

福井さんと初めて出会ったときは、銀行を蹴って、セブン-イレブンまでいって、いわば2つの日本のビッグネームで仕事をして、それで会社を興したということは、その時点ですでにリスクをとっている人だなと思いました。セブン-イレブンに入ったのも、将来自分のビジネスに役立つに違いないという考えがあってのことでしょう。

私はもともとイトーヨーカ堂グループに尊敬の念を抱いていまして、ブックオフの唱和の一部にも、イトーヨーカ堂の唱和を採用したのです。それで、なんとなく親しみを感じた、ということもありますよね。

実は私自身も覆面調査というビジネスに興味を持っていて、自分でもやってみようかな、と考えていたこともあったんですよね。それで、何かお手伝いができないかと思って、さんざん福井さんと酒を飲んで、今に至ります。

新しく起業をすると、人・物・金のすべてが無いところから始まるんですね。何年かたって上場を果たすことができると、それまでの人・物・金の苦労は減ります。それで、これまでの財産を駆使しながら、さらに情報という新しいリソースを得て、新天地、新しいビジネスを探すというプロセスに入ります。

人・物・金のすべてが無い五里霧中の時期は、今いるメンバーが一番の財産です。私はこれまで、いろいろな企業を見てきましたが、今いる人たちが持っている10の力を、全部引き出せている会社はそれほど多くはないと思っています。

その人が持っている能力を、全部開花させてあげるためには、トップが直接、彼・彼女らに話しかけてあげることです。「よう！　調子どう？」って。「ラーメンのおいしい店があったら教えてね」でも構わない。

30人、40人の規模の会社であれば、社長が社員にどれだけ声をかけてあげられるかです。そしてその人たちが全力を発揮すればいい。

仮に1人が10ワットの電球だったとしても、10人いれば１００ワットです。それがいろいろな方向を照らすのではなくて、一つの方向を照らせば、一点突破できます。中小零細企業は、そこから人を育てていかなければいけない。そうすれば、今度は特殊能力をもった人が入りやすくなります。みんな同じ方向を向きながら自由に力を発揮していける。

大きい会社は、10全部出しきれていない人が多い。だから会社帰りに居酒屋で愚痴を言う。「俺は怒るぞ。あいつに、明日言う。必ず言う！」とか。

従業員は、社長が自分で気づかないぐらい、社長の背中を見ています。社長以上に社長をよく知っているんです。なぜなら彼らは、社長がどう思うか、どう手を動かすのか、どうまばたきをしているのか、その一つ一つが、会社の将来を、そして自分の将来をつくるということを知っているからです。

社長に話し方まで似てくるし、酔っぱらったら次にどんなことを話すかまで知っています。でもそれぐらいみんな社長の行動に期待をしていますし、懸けている。みなさん一生懸命、会社で社長が掲げた旗の下に集まってきてくれている。

だから、今儲かっていない会社でも、社長がきちんと理想を掲げて、ぴしっとしていたらみんなついていきますよ。他の誰も渦の中心になることはできません。社長こそが、常に、渦の中心にならなければならないのです。

２０１４年7月 坂本 孝

俺のフィロソフィ
仕組みで勝って、人で圧勝する
俺のイタリアンの成功哲学

2014年9月2日　初版第1刷発行

著者　坂本孝　福井康夫
発行者　中嶋正樹
発行所　株式会社 商業界
〒106-8636　東京都港区麻布台2‐4‐9
☎03・3224・7478（販売部）
http://www.shogyokai.co.jp
印刷・製本　株式会社 光邦
デザイン　在原祥夫（Tone）
撮影　竹之内祐幸

ISBN978-4-7855-0467-0　C0063　Printed in Japan